中国农业科学院
农业经济与发展研究所
研究论丛
第 6 辑

● 本书为中央级公益性科研院所基本科研业务费专项资金资助项目

IAED

Research on the Coordinated Development
between Animal Husbandry and Resources Environment in China

中国畜牧业与资源环境的协调发展研究

杨 春 熊学振 ◎ 著

中国财经出版传媒集团
经济科学出版社
Economic Science Press

前言 Preface

食物是支撑并推动人类历史发展与文明进步的原动力，动物蛋白是组成完整食物系统的关键营养要素。作为国民经济基础中的支柱产业，畜牧业对改善国民膳食营养、丰富农业食物系统和推动乡村产业振兴具有深远意义。在生产力进步赋予人类更强资源环境影响力、经济发展刺激动物蛋白需求增长的同时，由畜禽养殖所导致的资源短缺、环境污染问题日益严峻，畜牧业生产与资源环境逐渐失调。畜牧业领域的主要矛盾已经表现为居民日益增长的优质动物蛋白需要与有限资源环境约束之间的矛盾，忽视资源环境承载力以及畜牧业与资源环境协调关系的发展方式既违背高质量发展理念，也面临难以持续稳产保供的困境。

已有研究忽视从协调视角探究畜牧业与资源环境的关系，难以系统性提出基于资源环境特征的畜牧业发展路径。本书以资源配置、产权与外部性、生态平衡、可持续发展等协调发展理论和新时代协调发展理念为指导，在剖析畜牧业与资源环境失调缘由、阐明中国畜牧业发展现状及资源环境约束特征的基础上，运用状态空间模型、演化博弈模型、投入产出模型、案例研究等方法，开展了畜牧业与资源环境协调发展的测度、干预、路径研究，在确立协调关系衡量标准、探究政府规制及国际贸易对协调关系的作用效果等方面取得了突破性进展。主要研究结论如下：（1）畜牧业快速发展的同时资源环境约束趋紧。耕地、牧草和水资源严重短缺，饲料粮总量相对丰富但结构性供给不足；全国畜禽养殖污染强度指数升高，畜牧业环境污染呈加剧趋势。（2）从承载水平看，畜牧业与资源环境由低度协调提升并稳定于中度协调状态。承载力现实值小幅升高，考虑理想承载力后全国及 3/4 的省份仍表现为资源环境超载状态；可承载蛋白当量明显扩大，但依然超载 72.15 万吨；全国平均协调度已稳定在 0.920 上下，多数省份具有协调化倾向；协调度具有变弱的空间自相关性，耕地资源配置和畜牧业集聚度对协调水平影响最明显。(3) 通过动态奖惩机制等方式加强环保约束有助于增进畜牧业与资源环境协调状态。考虑环保政策趋严后的复制动态系统螺旋式收敛于稳定均衡点，加强环保约束有助于畜牧业绿色发展；优化关键参数设计能够提升系统效率并增加企业绿色发展、政府放松监管的概率。(4) 畜产品进口增长为缓解国内畜牧业的资源环境压力发挥了重要作用。2020 年能源型和生理型隐含碳净出口量分别达到 218.23 万吨和 1729.66 万吨，虚拟水净进口量达到 1069.40 亿立方米，主要贸易伙伴为南美洲、大洋洲和欧洲等地区；资源贡献率由 2002 年的 0.71% 增长至 2020 年的 16.86%，环境贡献率由 2002 年的 -0.16% 增长至 2020 年的 14.68%。

最后，本书基于牧区畜牧业"三生"协调与融合发展、农区畜牧业的种养结合实践经验两个案例的综合分析，认为应当在生产方式层面鼓励发展与资源环境相协调的生态畜牧业，在生产关系层面构建畜牧业资源环境产权制度和生态补偿体系，提出依据资源环境特征优化畜禽生产布局、重点推进粮食主产区农牧循环绿色发展、统筹谋划相对稳定的养殖环境整治策略、在坚持自主发展基础上创新国外资源利用方式等政策建议。

目录
Contents

第1章　绪论 ········· **001**

1.1　研究背景、问题提出与研究意义 / 001
1.2　国内外研究综述 / 005
1.3　研究目标、内容与技术路线 / 013
1.4　研究方法与数据来源 / 017
1.5　可能的创新与不足 / 020

第2章　畜牧业与资源环境的协调关系与失调缘由 ········· **022**

2.1　概念界定 / 023
2.2　理论基础 / 028
2.3　畜牧业与资源环境的协调关系 / 031
2.4　失调缘由 / 033
2.5　本章小结 / 037

第3章　中国畜牧业发展的资源环境约束特征 ········· **038**

3.1　中国畜牧业发展概况 / 038

3.2 畜牧业资源环境约束的量化分析 / 048

3.3 本章小结 / 059

第4章 基于承载水平的畜牧业与资源环境协调性测度 …… 061

4.1 研究方法与数据来源 / 062

4.2 资源环境承载力与承载容量的时空特征 / 068

4.3 畜牧业生产与资源环境承载力的时空协调关系 / 072

4.4 协调关系的影响因素分析 / 075

4.5 本章小结 / 077

第5章 政府规制对畜牧业与资源环境协调发展的影响 …… 079

5.1 畜牧业环保政策演变 / 082

5.2 地方政府与养殖企业的演化博弈模型 / 083

5.3 环保政策趋严背景下的演化博弈与数值仿真 / 092

5.4 敏感性分析与讨论 / 096

5.5 政府规制对协调发展的影响分析 / 101

5.6 本章小结 / 103

第6章 畜产品国际贸易对畜牧业与资源环境协调发展的影响 …………………………………………………… 104

6.1 研究方法与数据来源 / 105

6.2 畜产品隐含碳贸易格局 / 109

6.3 畜产品虚拟水贸易格局 / 112

6.4 国际贸易的资源环境贡献 / 114

6.5 国际贸易对协调发展的影响分析 / 117

6.6 本章小结 / 118

第7章 畜牧业与资源环境协调发展的案例与路径 ………… 120

7.1 研究方法 / 120

7.2 牧区畜牧业"三生"协调与融合发展 / 122
7.3 农区畜牧业的种养结合实践经验 / 128
7.4 畜牧业与资源环境协调发展的优化路径 / 131
7.5 本章小结 / 134

第8章 研究结论与政策建议 ... 135
8.1 研究结论 / 135
8.2 政策建议 / 137
8.3 讨论与展望 / 139

附录 部分指标的计算过程 ... 142
参考文献 ... 151

第1章

绪 论

1.1 研究背景、问题提出与研究意义

1.1.1 研究背景

随着经济社会发展,在改善国民膳食结构、扩大动物蛋白供给方面发挥重要作用的畜牧业成为我国农业的支柱产业。改革开放以来,畜牧业取得辉煌成就的同时,农户散养为主导的畜禽养殖模式逐步向规模化、集约化转型,养殖体量膨胀和区域规模集聚拉动粮、草、水、土等资源需求增长,畜禽粪污等废弃物密集排放直接引发农业面源污染等环境问题。

1. 面向生态文明战略,要求畜牧业确立绿色发展方向

2012年,党的十八大报告提出"大力推进生态文明建设"的战略决策,要求我们努力走向社会主义生态文明新时代,"美丽中国"首次作为执政理念出现。历经五年发展,党的十九大报告进一步提出"加快生态文明体制改革,建设美丽中国",在全社会牢固树立起社会主义生态文明观,功在当代、利在千秋的生态发展理念逐步深入人心。生态环境是民族生存

之基、人类发展之本，加快生态文明战略建设关乎民族永续发展的千年大计，推进生态文明改革是谋求社会发展与生态保护协同共生的根本措施。生态文明是中国特色社会主义事业的必要组成，美丽中国是伟大复兴中国梦的关键内容，今天的中华民族比任何历史时期都更加关注生态、保护生态。中国正以负责任大国的形象积极参与气候变化国际合作，同世界人民携手共建生态美好的人类命运共同体。2020年，习近平总书记在第七十五届联合国大会上提出"2030年前碳达峰、2060年前碳中和"的国家自主贡献目标，这是中华民族践行生态文明建设和绿色发展理念的担当，是中国人民有勇气、有能力实现转型发展的决心。国家生态文明战略指明了畜牧业生态文明建设的基本原则与方向，指引我们加快转变畜牧业发展方式，积极建设现代畜牧业生态生产体系，为生态强国目标贡献绿色化的产业力量。

2. 破解资源环境约束，畜牧业迎来高质量发展新时期

经济发展和人民生活水平提高要求建立营养、可持续的优质蛋白食物体系，但粗放发展模式下畜产品质量和产业可持续性问题突出，动物性蛋白食物生产系统高度脆弱，产业发展的韧性与包容性不足，既制约畜牧业稳产保供目标的长期实现，也不利于夯实社会主义现代化的物质基础和实现营养强国目标。具体来看，畜牧业资源环境约束趋紧具有诸多表现：畜牧业已成为多种污染物的主要来源，畜禽粪污直接排入水体导致河湖和地下水富营养化，直接排入农田致使土壤铜、锌等重金属超标，超载放牧带来草原退化和土地沙化，畜禽养殖产生的温室气体成为全球变暖和气候恶化的重要来源。与此同时，国家出台大量政策法规约束畜牧业生产并形成绿色发展导向，针对草原牧区出台草原生态保护补奖政策，针对畜牧大县开展整县推进畜禽粪污资源化利用项目，针对南方水网地区依据资源环境承载力进行生猪养殖布局调整优化，"十四五"规划进一步提出开展农业面源污染治理等重大工程。《关于促进畜牧业高质量发展的意见》指明畜牧业绿色优先发展方向，要求我们探索资源节约、环境友好的发展方式，密切关注畜牧业资源环境问题新动向，推动畜牧业与资源环境协调发展。

3. 着眼全球贸易格局，中国成为重要的畜产品进口大国

尽管新冠疫情和逆全球化行为冲击国际贸易市场秩序，加剧中国自美、澳等多国农产品进口风险，但庞大的中国市场需求和全球农产品生产禀赋条件决定了我国对开放的大门不会关闭，并将依托"一带一路"和扩大对外开放充分利用国内国外两种资源、国内国际两个市场。"入世"以来，我国猪牛羊禽肉和乳制品进口量不断攀升新峰值，特别是2012年前后增速明显加快，根据国家统计局和FAO数据，2021年猪牛羊禽肉、乳制品进口量分别达到793.1万吨、395.0万吨，猪肉、牛肉、羊肉自给率从2000年的100.0%分别下跌至2020年的90.6%、76.0%、93.1%，奶源自给率甚至仅为68.1%，约有95.6%的新增乳制品消费需求只能通过进口满足。与此同时，中国饲料粮对外依存度升高、进口饲料粮供给比重扩大，尤其是大豆自给率低至15.0%以下，这是畜产品贸易依赖在植物生产层的显著表现。在国内外环境显著变化背景下，中国正在协调国内资源环境与畜牧业发展构建高水平动态均衡关系，通过优化资源环境要素配置和畜牧业生产布局畅通国内大循环，同时也在优化国际市场布局、拓展多边贸易伙伴关系以促进进口来源多元化，形成国际国内双循环格局。高位进口贸易规模要求我们不可忽视中国畜产品进口的资源环境贡献，这不仅关乎中国畜产品贸易发展方向，还关系畜牧业领域"碳达峰、碳中和"目标的具体实现，清晰认知进口贸易的资源环境贡献已成为经济全球化背景下平衡资源环境与畜牧业发展的关键。

1.1.2 问题提出

尽管畜牧业资源环境约束趋紧，但肉蛋奶等动物蛋白需求在一定时期仍将保持增长态势。中国既需要充分合理配置国内资源环境保证畜产品生产增长，又需要适当利用国际市场和国际资源补齐国内供需缺口，这对国内资源环境和国际贸易秩序都将提出更高要求。因此，本书聚焦畜牧业与资源环境协调发展这一主题，试图探究中国畜牧业与资源环境究竟存在怎样的协调关系？趋紧的政策环境、增长的畜产品进口规模对国内畜牧业与资源环境系统的协调关系产生了什么影响？本书研究的主要问题如图1－1所示。

图1－1　本书研究的主要问题

1.1.3　研究意义

长期以来，粗放发展模式下我国畜牧业同资源环境的矛盾突出，特别是近年来规模化的快速推进与种养分离带来资源供给不足、环境污染加剧等一系列问题。中国的资源环境系统究竟能够承载多大的畜牧业生产规模？尚不清楚这一问题就难以科学指导畜牧业转型绿色高质量发展，因此，本书从国家畜牧业发展的急迫问题和现实需要出发，深入探讨畜牧业与资源环境的协调关系，对指导畜牧业生产决策和宏观战略调整具有重要的现实意义。

一是推动转型对畜牧业生产的认知方式。跳出单一动物养殖环节的思维局限，强调畜牧业与资源环境系统的和谐统一性。本书在狭义畜牧业概念的基础上提出广义畜牧业，把前畜牧植物生产环节、后畜牧加工生产环节纳入畜牧业体系，强调资源环境对畜牧业的支撑作用以及资源环境与畜牧业的交互关系，有助于打开新的畜牧业资源环境问题研究视角。

二是识别畜牧业与资源环境的协调状态及失调原因。采用资源环境承载力的方法量化抽象的"协调"概念，为识别和判断畜牧业与资源环境的协调关系提供了新的理论指导和操作方法。这一研究清晰测度了我国畜牧业同资源环境的协调水平，为全面把握我国畜牧业发展状态及资源环境约束特征提供了重要依据。同时，本书还结合我国畜牧业发展实践解析畜牧业与资源环境失调的主要原因，有助于在更深层次上探究畜牧业与资源环境的协调关系。

三是判断政府规制和国际贸易对畜牧业与资源环境协调发展的影响。本书不仅采用计量经济模型探究了国内经济发展等常规变量对畜牧业与资源环境协调水平的影响，更进一步着眼于国内政府规制、国际畜产品贸易两大方面，分别探究政府规制对畜牧业与资源环境协调发展的影响效果及畜产品国际贸易对协调发展的具体贡献。这一研究将有助于清晰把握我国畜牧业与资源环境协调发展的主要影响因素，对优化政策内容和畜产品贸易结构具有积极意义。

1.2 国内外研究综述

1.2.1 畜牧业资源环境问题

资源环境约束是中国当前发展阶段的突出表现，也是世界各国面临的共性问题。帝尔曼等（Tilman et al.，2001）认为农业扩张是全球环境变化的主要驱动因素，富营养化、栖息地破坏将导致前所未有的生态系统恶化与物种灭绝。2013 年，联合国环境规划署（UNEP）在《中国资源效率：经济学与展望》中表示，中国物质利用的快速增长轨迹已融入全球进程（West et al.，2013）。国外在经济学视角研究资源环境问题取得了丰硕成果，尤其是基于实验经济学对体现社会困境的公共资源问题、测试评估资源环境问题的制度安排开展了大量研究（张生玲等，2012）。如卡德纳斯（Cardenas，2009）归纳并梳理了资源环境经济学的相关问题，将问题与实验设计相联系；普雷迪格等（Prediger et al.，2010）对纳米比亚、南非的放牧合作行为开展研究，发现历史文化条件和原有生态条件对合作行为有重要影响，生态因素可以通过合作路径产生更高收益。相比国外以实验经济学为前沿的资源环境问题研究，国内偏重在生态安全和可持续发展视角下探究资源环境问题表现、资源环境承载水平，以资源环境问题为背景研究产业发展问题。王毅（1993）从人口、资源、环境等方面探讨了中国现代化面临的主要困境，并提出转型发展方式、推动科技进步等战略选择；翟金良（2007）从资源开发规模、利用效率、污染物排放、环保投入四方面论述了国内资源环境问题表现，从政府、市场等多角度提出资源环境问题成因与对策。

从国内外研究来看，畜牧业已显露出严峻的资源环境问题。一方面，畜禽粪污对土壤和水体环境安全构成威胁。1995年美国审计署（GAO）在对参议院的报告中认为畜禽粪污是美国水域TN、TP进入水体的主要来源（韦娅俪等，2015）；还有研究认为美国西部干旱地区河流沿岸生态系统破坏有80%的原因来自畜禽放牧（金书秦等，2013）；伊瓦斯等（Evans et al.，1984）、亚当斯等（Adams et al.，1994）、马林等（Mallin et al.，2003）等学者也关注了畜禽粪污排放对地下水及整个水生生态系统的影响；胡达等（Hooda et al.，2001）以加拿大及新西兰为例研究发现长期施用畜禽粪便会导致土壤氮、磷含量超标；刘培芳等（2002）曾对我国长三角地区的畜禽粪便污染负荷当量进行估算，发现长三角的畜禽粪便已超出农田消纳能力并对水环境造成严重污染；张晖（2010）进一步对全国畜牧业面源污染总量进行测算，发现畜禽粪便流入水体的化学需氧量（COD）远超工业废水和生活污水排放的COD总和，且畜牧业面源污染的危害在相当长的时期内仍有加剧趋势；仇焕广等（2013）结合宏观统计和实地调研两方面数据测算了我国畜禽粪便排放和污染情况，认为畜禽粪便排放造成的环境污染已经非常严重，东部地区污染最重且程度仍在加深。另一方面，畜禽排放的温室气体和粪污散发的恶臭对大气环境造成污染。威廉姆斯等（Williams et al.，2006）测得英国生产1千克牛肉的温室气体排放量约为16千克，相当于生产1千克小麦温室气体排放量的20倍；塔拉（Tara，2009）认为畜禽消费产生的温室气体排放量占英国消费品产生的温室气体排放总量的7%~8%；畜牧业扩张刺激亚马孙流域"毁林种豆"，使当地温室气体年排放量净增700万吨（Steinfield et al.，2006）；美国有关部门已经把畜牧业认定为全球农业领域最大的温室气体排放源，格柏等（Gerber et al.，2013）认为畜牧业占全球温室气体排放总量的14.5%；姚成胜等（2017）采用全生命周期评价方法对中国畜牧业碳排放的时空演化进行研究，发现中国畜牧业碳排放总量年均增速0.288%，边疆草原地区和粮食主产区的碳排放明显偏高。

1.2.2 畜牧业资源环境承载力

1. 资源环境承载力

承载力的概念可以追溯至18世纪末期，1798年马尔萨斯在《人口原理》中为承载力赋予现代内涵，这一概念对后世的生态学、生物学、人口学、经济学等学科发展产生了深远影响。1838年，韦尔斯特（Verhulst）在马尔萨斯的承载力理论基础上提出了逻辑斯蒂方程，成为承载力概念最早的数学表达式。1921年，帕克和伯吉斯把承载力概念扩展至人类生态学研究领域，将承载力定义为"在某一特定环境条件下（主要指生存空间、营养物质、阳光等生态因子的组合），某种生物个体存在数量的最高极限"。早期承载力研究主要关注极限承载容量，相对忽视承载对象、承载机制等问题（封志明等，2017）。1922年，哈德文（Hadwen）基于对草场载畜量的分析，从草地生态学角度把承载力定义为"草场可以支持但不会损害草场的牲畜数量"。这一研究促使承载力概念具体化，且综合考虑了承载体、承载对象及二者的相互作用和平衡关系。此后，利奥波德（Leopold，2008）同样从生态学角度认为承载力是区域生态系统能够支撑的最大种群密度变化的范围。20世纪后半叶，在资源枯竭、环境污染等全球性挑战背景下，人们日益深刻意识到资源环境与经济社会发展息息相关，以解决社会发展矛盾、促进可持续发展为目的的承载力研究迅速扩展至整个生态系统。1972年，梅多斯等在《增长的极限》一书中阐明了环境对人类社会的重要性以及资源与人口之间的基本联系，这为日后的可持续发展奠定了思想基础。20世纪80年代以来，关于土地、水文、矿产等资源领域的承载力研究增多。

资源承载力、环境承载力研究通常关注单要素的承载能力，而全球范围的工业化和城市化进程带来许多新的社会问题，引发了人们对整个资源环境系统的重新关注。1948年，美国学者威廉·福格特在《生存之路》中首次提出了"生态失衡"，并明确提出区域承载力概念以反映区域资源环境所能承载人口与经济发展的容量。梅多斯等（Meadows et al., 1972）利用系统动力学模型对世界范围内的资源环境与人口增长进行定量评价，进一步探讨了人口增长、工业化发展与不可再生资源枯竭、生态环境恶化和粮食生产之间的关系，认为全球的增长会因粮食短缺和环境破坏而产生发展极限。这一研究引发了人们对资源环境问题的普遍关注，全球范围的资源环境承载力研究进入新的阶段。20世纪90年代，中国学者开始开展以资源环境诸要素综合体为对象的区域承载力研究，综合考虑自然资源、自然环境、社会经济等指标构建综合评价体系或模型进行区域资源环境承载力评估。王奎峰（2015）、高爽等（2019）分别构建综合性指标体系对山东半岛和江北新区进行区域资源环境承载力评估；姚彦青（2020）利用生态足迹法和能值分析法对东北三省和整个东北地区的资源环境承载状况进行实证分析；卢亚丽等（2019）在采用状态空间法和综合指标体系对河南省资源环境承载力整体区域评价的基础上，对河南省各城市的资源环境承载力进行包括空间系聚类、空间梯度分析、变异分析的空间分异；张燕等（2009）运用空间统计分析和GIS技术的综合集成方法，分析了中国31个省份的区域发展潜力和资源环境承载力的空间关联性规律及其演变过程；李俊翰等（2018）基于熵值法TOPSIS计算模型、耦合协调度模型建立区域资源环境承载力评价指标体系和评价模型分别测算了山东省生态效率与资源环境承载力,并对二者的时空分异特征及耦合协调度进行了研究;刘凯等(2017)在采用熵值法建立评价指标体系的基础上,运用耦合度和耦合协调度模型定量研究了中国城镇化与资源环境承载力耦合关系及其演变过程。国内关于资源环境承载力的研究具有两个倾向:一是评估资源环境承载力所采用的指标逐渐广泛,更加关注自然与社会各要素的整体性与协调性;二是研究方法与研究内容愈加丰富,资源环境承载力的空间分析增多,且比较关注资源环境承载力与其他发展领域的空间耦合关系研究,这体现了资源环境承载力在中国由理论向实践应用的发展转变(孙阳等,2022;杨屹等,2022)。

2. 畜牧业资源环境承载力

畜牧业资源环境承载力是在资源环境承载力理论与应用研究的基础上发展出来的一个分支,是资源环境承载力在畜牧业发展中的应用和实践。国外关于畜牧业资源环境承载力的研究主要体现在土地对畜禽饲料的供给能力和对畜禽粪污的负荷能力两个方面。李(Lee,1976)从饲料供给和粪污还田的角度认为土地资源是畜禽养殖环境承载力的基础;基恩等(Keon et al.,2009)对澳大利亚牧场在不同气候情景下的牲畜承载力进行了测度评价。在资源环境约束趋紧的背景下,国内关于畜牧业资源环境承载力研究逐渐增多,对畜牧业资源环境承载力评价研究主要包括单项指标性评价和综合系统性评价两类。

一种是单项指标性评价。单项指标性评价是选取资源环境承载力的某项要素指标进行承载力评价,常见的评价内容是畜禽粪污的土壤负荷、水体负荷研究,评价方法包括养分平衡法、排污系数法等。潘瑜春等(2015)、李靖等(2016)、蔡美芳等(2018)都曾采用养分平衡法测算中国某一地区或全国的土地环境承载力;潘丹(2016)、史瑞祥(2018)则采用排污系数法估算污染物产生量及耕地、水体污染负荷(见表1-1)。

表 1-1　畜牧业资源环境承载力单项指标性评价方法与内容

学者	评价内容	评价方法	评价指标
李靖等（2016）	从环境承载力的角度考察全国范围畜牧业布局的合理程度	养分平衡法	畜牧业粪便养分供给量，种植业作物养分需求量，畜牧业环境负荷系数
潘瑜春等（2015）	北京市平谷区畜禽养殖承载潜力及其污染潜势	养分平衡法	各类畜禽粪便产排污系数（粪尿量、总产氮量、总产磷量），农用地氮（磷）环境承载容量，农用地畜禽粪便污染风险指数，农用地畜禽承载潜力
邱乐丰等（2016）	杭州市畜禽养殖环境承载力	养分平衡法	农作物生产需肥量，土壤供肥量，农用地总氮（磷）环境承载容量
蔡美芳等（2018）	江门市新会区畜禽养殖承载力	养分平衡法	土壤肥力水平，土壤铜、锌、砷含量，土壤养分供需平衡水平，适宜养殖量与现状养殖量
张敏等（2009）	沈阳地区畜禽养殖粪便污染物的环境压力及风险	排污系数法	畜禽粪便量，畜禽粪便污染物产生量，农田畜禽粪便负荷及风险
宋大平等（2012）	安徽省畜禽粪便污染耕地、水体现状及其风险	排污系数法	各类畜禽粪便量及其猪粪当量，畜禽粪便养分含量系数，畜禽粪便耕地负荷量，畜禽粪便流失入水体负荷量
潘丹（2016）	鄱阳湖生态经济区畜禽养殖土壤环境承载力及污染风险	排污系数法	单位耕地面积畜禽污染物（粪便、总氮、总磷）负荷和警报值，畜禽养殖污染物排放量，畜禽养殖环境容量，畜禽养殖实际数量
史瑞祥（2018）	山东省畜禽粪污环境承载力	排污系数法	畜禽粪污产生量，畜禽粪污中污染物产生量，畜禽粪污耕地负荷

另一种是综合系统性评价。单项指标性评价可以反映某一资源或环境要素对畜牧业的承载能力，但无法评价整个区域资源环境系统对畜牧业的承载水平。因此，有学者依据区域内的资源条件、环境条件等众多因素构建区域畜牧业发展综合评价指标体系或建立其他数理模型对区域畜牧业资源环境承载力进行综合系统性评价。齐亚彬（2005）认为资源环境承载力

的三要素是承载体、承载对象和环境承载率，其中承载体既包括自然环境承载体，也包括人造环境承载体。王甜甜（2012）、安晶潭（2015）采用层次分析法构建畜禽养殖资源环境承载力评价体系，分别对滨州、大理进行承载力研究；黄成（2016）建立基于超效率DEA模型的天津市畜禽养殖环境承载力评价体系，并划分出压力类和支撑类两种指标；宋福忠（2011）引入状态空间模型，构建由产业发展承载力、自然资源承载力、社会发展承载力组成的三维向量空间，分别测算重庆市畜禽养殖现实和理想状态的承载力（见表1-2）。

表1-2 畜牧业资源环境承载力综合系统性评价方法与内容

学者	评价内容	评价方法	评价指标
王甜甜（2012）	滨州市畜禽养殖环境承载力	层次分析法	自然资源供给类指标、社会条件支持类指标、污染承受能力类指标
安晶潭（2015）	大理市畜禽养殖资源环境承载力	层次分析法	资源环境系统、社会环境系统、畜禽养殖环境系统
胡雪飙（2006）	重庆市畜禽养殖环境承载力	系统分析法	牧业总产值、地表径流量、年末实有耕地面积、污水产生量COD产生量、总氮产生量、总磷产生量、总钾产生量
潘雪莲等（2014）	深圳市畜禽养殖环境承载力	系统分析法	地表水资源量、年末实有耕地面积、牧业总产值、污水产生量、各类污染物的产生量
黄成（2016）	天津市畜禽养殖环境承载力	超效率DEA模型	污染物排放状况、污染受纳体状况、资源状况、社会环境状况、畜禽养殖状况
宋福忠（2011）	重庆市畜禽养殖环境系统承载力	层次分析法、状态空间模型	畜禽养殖发展类、自然环境类、社会环境类

1.2.3 生态畜牧业与绿色发展

1. 生态畜牧业

生态畜牧业是资源环境约束趋紧背景下畜牧业的主要发展方向。为推动生态畜牧业发展，国外在草原生态保护补奖、草畜平衡社区管理机制、智能化草地生态监测及放牧系统仿生模拟等领域取得了丰硕成果，尤其是在载畜量核算、牧场管理软件开发、生态补偿标准、生态型畜产品议价机制等方面积累了大量经验。颜景辰（2007）在梳理国内外生态畜牧业发展问题与模式的基础上，提出并系统分析了适应我国农区、草原和城郊特征的三种生态畜牧业发展模式；王俊能等（2012）认为我国畜牧养殖的规模化与环境污染之间形成了比较明显的倒"U"型农业环境库兹涅茨曲线，发展生态养殖模式是实现规模化发展的稳妥过渡方式；何在中等（2015）着重分析了青海省草原生态畜牧业发展的政策效益，认为生态畜牧业发展模式已成为当前草原生态环境保护"新常态"下畜牧业发展的重要选择。

2. 畜牧业绿色发展

畜禽粪污资源化利用、农牧循环等绿色发展方式是解决当前畜牧业资源环境问题的有效途径。为减少畜禽粪污对环境的负面影响，美国早在1999年就提出规模化养殖场实施综合养分管理计划，十分关注粮草轮作和种养协调布局（董红敏等，2019）。国内在这方面的研究起步较晚，林孝丽等（2012）通过对南方稻区"稻—鱼"模式研究发现，稻田种养结合循环农业在节肥、节药、抑草、改善土壤和水体等方面的生态效益十分显著；赵馨馨等（2019）主要关注资源化利用模式，对我国畜禽养殖不同环节、不同畜种的粪污资源化利用模式进行了归纳分析；谷小科等（2020）关注资源化利用政策研究，发现畜禽粪污治理政策演变具有指令性政策向激励性政策转变、政策接受主体和政策工具向多元化转变等特征；孟祥海等（2019）基于种养结合视角研究发现，种养结合循环农业模式可以提高农业环境技术效率与绿色全要素生产率；姚治榛（2020）构建区域适宜性评价指标体系，对大型沼气工程集中利用模式、商品有机肥生产集中利用模式、家庭循环利用模式进行了适宜性评价。

1.2.4 研究评述

畜牧业资源环境问题是一个涉及多学科、多领域的复杂问题，受到国内外经济学者、环境学者的广泛关注。综合相关文献分析发现，畜牧业存在哪些资源环境问题、如何测算资源环境承载力、如何推动生态畜牧业绿色发展，学者对这些问题的研究已积累大量经验，对指导资源环境协调型畜牧业高质量发展具有关键意义。

现有研究大多是围绕资源环境系统部分要素，以碎片化研究为主，鲜有从资源环境系统与畜牧业生产系统关系出发的整体研究。具体来看，现有研究的不足主要表现在以下方面：其一，对畜牧业生产范畴界定不清，极易把畜牧业与资源环境置于完全对立面，没有建立起畜牧业生态生产的系统性思维；其二，缺少对畜牧业资源环境问题缘起与逻辑关系的研究，没有深刻挖掘畜牧业资源环境约束的社会经济成因；其三，对畜牧业资源环境承载力仍以单一指标评价为主，统筹考虑粮草水土资源、生态环境的综合研究仍显匮乏，畜牧业与资源环境协调关系的研究鲜见文献，缺乏具体标准和方法进行协调水平判断；其四，对畜牧业环保税等政府规制政策效果的关注不足，难以准确判断环保政策实施成效；其五，欠缺畜产品贸易资源环境效应及资源环境协调贡献方面的研究，难以把握进口畜产品具体的资源环境贡献及未来潜力。因此，本书将针对以上问题，以系统性思维和协调发展理论、资源环境经济理论为指导，完善畜牧业资源环境问题分析框架，丰富资源环境协调型畜牧业研究内容。

1.3 研究目标、内容与技术路线

1.3.1 研究目标

本书旨在探究资源环境约束趋紧与动物蛋白消费需求增长背景下畜牧

业与资源环境的协调关系，充分把握我国畜牧业与资源环境的协调水平以及政府规制和国际贸易的资源环境协调贡献，以期推动国家生态文明建设与畜牧业绿色高质量发展。在资源环境失调、农业面源污染等问题严峻的背景下，本书试图回应如何协调资源环境承载力发展畜牧业以实现稳产保供目标的现实性问题。通过畜牧业与资源环境的协调关系研究，为资源环境约束视角下认知畜牧业发展方向提供一个可行思路，为深化畜牧业领域的生态文明体制改革和促进畜牧业生产方式转型提供决策参考。本书的具体目标包括以下四点。

一是分析发现畜牧业与资源环境失调的成因，探究畜牧业发展与资源环境约束的逻辑关系，为正确认知畜牧业与资源环境的关系提供依据，科学解释当前困扰畜牧业发展的资源环境问题。

二是构建畜牧业与资源环境协调发展的具体概念，建立畜牧业与资源环境的协调标准和评价指标体系实施量化分析，测算全国及不同省区畜牧业资源环境承载力与承载容量，具体掌握中国畜牧业与资源环境的协调水平。

三是着眼国内外长期影响我国畜牧业与资源环境协调关系的政府规制、国际贸易两大因素，分别探究国内环保税、奖惩机制等政府规制及畜产品国际贸易对畜牧业与资源环境协调关系的具体影响。

四是指明农牧区推进畜牧业与资源环境协调发展的主要路径及其优化方向，提出完善和优化资源环境协调型畜牧业的政策建议，为改善畜牧业资源环境状态、推动畜牧业高质量发展和实现稳产保供目标提供决策指导。

1.3.2 研究内容

基于上述研究背景和目标，本书将重点研究畜牧业与资源环境的协调发展问题，具体研究包括以下内容。

1. 畜牧业资源环境约束的问题缘起与内在逻辑

除了畜牧业生产规模的扩张外，是否存在其他更为深刻的社会经济成因导致畜牧业资源环境失调？只有从根本上把握畜牧业发展与资源环境的协调关系，才能"对症下药"找到资源环境协调型畜牧业发展的优化路径。因此，研究从经济学视角阐释畜牧业资源环境约束的问题缘起、内在逻辑，探究畜牧业资源环境问题分析的理论渊源，借鉴经典经济学思想和经济发展理论解析资源环境协调型畜牧业，构建一个涵盖资源环境系统与畜牧业生产系统的分析框架。

2. 中国畜牧业发展概况与资源环境约束特征

我国正处于畜牧业发展的关键转型期，既取得了辉煌成就，也面临更加严峻的挑战，资源环境约束趋紧下的中国畜牧业必将"腾笼换鸟，凤凰涅槃"。首先，基于统计数据系统总结改革开放以来中国畜牧业取得的各项成就，从经济、产量、蛋白三个视角解读畜牧业生产布局特征，依据高质量发展目标寻找关键约束；其次，对我国畜牧业资源环境约束特征展开量化分析，从横纵向不同角度分析土地、饲料粮、牧草、水等资源禀赋，总体概括畜禽污染排放状况并具体测算全国及分省份的养殖污染强度。

3. 基于承载水平的畜牧业与资源环境协调关系与影响因素

从生态承载均衡视角分析畜牧业与资源环境的协调关系。一是构建畜牧业资源环境承载力测度体系，测算2001~2019年全国及分省份畜牧业资源环境承载力与承载容量；二是基于协调度公式测算畜牧业生产与资源环境承载力的时空协调关系，采用莫兰指数检验协调度的空间相关性；三是建立空间计量模型识别畜牧业生产集聚、资源环境配置等常规变量对协调水平的具体影响，分析不同地区相关因素对协调水平的作用效果。

4. 政府规制和国际贸易对畜牧业与资源环境协调发展的影响

尽管上一部分内容从承载水平的角度测算了协调关系并进行了影响因

素识别，但从长远看全国范围内畜牧业与资源环境的协调关系在很大程度上取决于国家政策环境和进出口贸易走向，特别是近年来趋严的环保政策和扩大的进口规模对国内畜牧业发展造成重大干预，政府规制、国际贸易已成为影响我国畜牧业与资源环境协调关系的主导因素。因此，这一部分内容将分别着眼于政府规制和国际贸易两大内容，分别采用演化博弈、IO-LCA等方法讨论政府规制和国际贸易对畜牧业与资源环境协调关系的主要影响。

5. 畜牧业与资源环境协调发展的优化路径

基于对国内农牧区不同类型畜牧业生产实践的系统总结，提出我国畜牧业与资源环境协调发展的优化路径。一方面，基于对山东、山西、吉林、青海等地广泛的实地调研，总体把握适应农牧区不同条件的资源环境协调型畜牧业生产模式，提炼国内畜牧业绿色发展的实践经验与典型案例；另一方面，阐明畜牧业与资源环境协调发展的多元化实现路径，并基于案例经验总结相关路径的优化方向（见图1-2）。

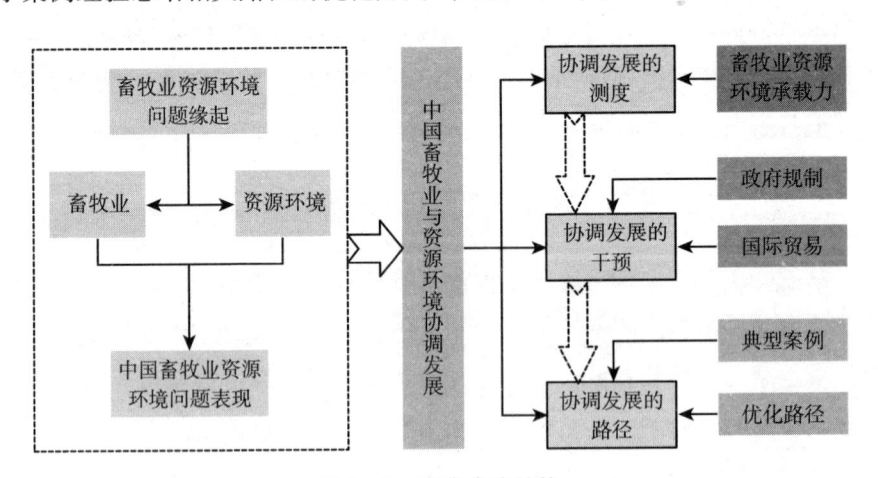

图1-2 研究内容结构

1.3.3 技术路线

本书从畜牧资源环境约束的现实背景出发，聚焦畜牧业与资源环境协调关系这一主题，以协调发展理论为指导，采用统计分析、计量分析、演化博弈、案例研究等方法分析和解决相关问题。技术路线见图1-3。

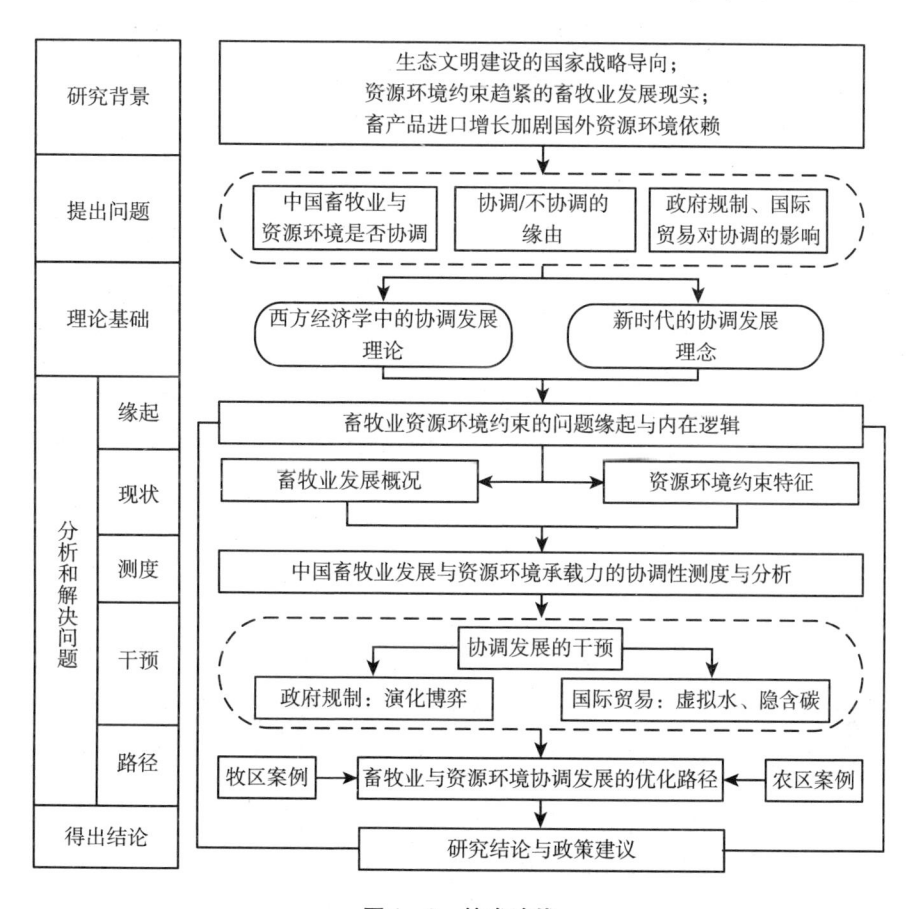

图1-3 技术路线

1.4 研究方法与数据来源

1.4.1 研究方法

本书主要采用定性分析与定量分析相结合的研究方法，具体研究方法如下。

1. 统计分析和计量分析

统计分析法是通过对各种数量关系的分析研究来揭示事物相互关系、发展规律的研究方法。基于宏观统计数据，采用统计分析法对畜产品生产规模、生产结构等进行统计分析，对各模型变量数据采用统计分析方法进行汇总和整理。数据包络分析方法是运筹学、管理学、数理经济学交叉的研究领域，其实质是根据多项投入、产出指标，采用线性规划方法对具有可比性的同类型单位进行相对有效性评价。本书在研究畜禽养殖污染水平时采用数据包络分析方法测算畜禽养殖污染强度。此外，在测算畜牧业与资源环境承载力协调关系时采用了空间计量模型，通过莫兰指数分析协调度的空间自相关性，构建地理加权回归模型验证协调关系的主要驱动因素。

2. 演化博弈模型

演化博弈是在有限理性和不完全信息前提下研究博弈主体决策和均衡的经济学方法，广泛应用于制度研究和行为决策研究。基于演化博弈理论构建地方政府与养殖企业的演化博弈模型，探讨博弈双方的演化决策过程和稳定策略。区分常规环保政策和环保政策趋严两种情形，认为高压环保政策将迫使地方政府更加关注监管效果，依据养殖企业的发展状态实施灵活的奖惩措施，即化静态奖惩机制为动态奖惩机制，从而探究环保规制政策对畜牧业绿色发展及其与资源环境协调状态的影响。

3. IO-LCA 模型和虚拟水方法

在测算国际贸易的环境效应和资源效应时分别采用 IO-LCA 模型、虚拟水方法进行隐含碳和虚拟水的分析。由于传统 IO 模型测算隐含碳极易忽视动物生理性活动的碳排放，因此本书结合 LCA 进行改进，构建畜牧业全产业碳排放测算系统，以碳排放轴呈现前畜牧植物生产、动物养殖、后畜牧产品生产 3 个环节的碳排放，并单独剥离动物养殖环节的生理型碳排放，全面核算畜牧业能源型和非能源型碳排放。同时，将投入产出表中的畜牧产品、饲料加工品、屠宰及肉类加工品、乳制品四部门均视作畜牧业部门进行核算。在测算虚拟水时，则主要依据主要畜产品虚拟水含量系数进行虚拟水流量测算。

4. 实地调查和案例分析法

实地调研和案例分析可以从微观层面解析问题。由于本书需要搜集整理国内资源环境协调型畜牧业的典型模式，深刻剖析模式运行机制、运行条件，故采用实地调查和案例分析法在全国范围获取畜牧业绿色发展的典型，对青海、山西、山东、吉林等地实地调研获取具体数据和运行状态一手资料，以案例分析归纳、呈现相关模式的基本特征。据此，完成对国内资源环境协调型畜牧业典型模式和优化路径的研究。

1.4.2 数据来源

本书所用数据主要包括宏观统计数据和微观调研数据两部分。宏观数据方面，在梳理中国畜牧业发展成就、总结生产布局、分析制约因素、归纳资源禀赋、测算污染水平、计算资源环境承载力等过程中使用了2001~2020年全国及分省份的大量宏观统计数据，主要来自《中国统计年鉴》《中国农村统计年鉴》《中国环境统计年鉴》《中国人口和就业统计年鉴》《中国草业统计》《中国畜牧兽医年鉴》《全国草原监测报告》《全国农产品成本收益资料汇编》等统计年鉴，贸易和国外生产数据主要来自FAO和中国海关，此外，还广泛参考了来自《土地承载力测算技术指南》《国家耕地质量长期定位监测评价报告》《中国食物成分表》《第一次全国污染源普查畜禽养殖业源产排污系数手册》及联合国政府间气候变化专门委员会（IPCC）的数据支持；微观数据方面，分析国内畜牧业绿色发展典型模式需要使用养殖场等微观生产主体的有关数据资料，主要通过实地调研获得。

1.5 可能的创新与不足

1.5.1 创新之处

（1）系统性建构起畜牧业资源环境协调关系分析的框架体系。一方面，从生态生产的角度提出广义与狭义畜牧业，把广义畜牧业划分为前畜牧业植物生产层、畜牧业生产层和后畜牧业加工生产层，从一个完整的系统内更加明确了畜牧业生产的资源环境供需问题。另一方面，从经济学视角解析畜牧业资源环境问题，构建一个涵盖社会经济系统、资源环境系统、畜牧业生产系统的分析框架和指标体系量化畜牧业资源环境承载力。该研究将突破单一系统、单一要素的畜牧业承载力问题研究，形成包含生态与生产的畜牧业资源环境系统研究体系，具有一定理论创新。

（2）采用演化博弈模型研究环保约束等政府规制措施对畜牧业绿色发展的影响。构建静态奖惩机制与动态奖惩机制两种状态下地方政府与养殖企业演化博弈模型，分析环保税、罚款、奖励、额外收益等关键要素对政企双方决策的影响，从养殖企业绿色发展的视角研判政府规制对畜牧业与资源环境协调发展的作用成效。

（3）统筹国内生产、国际贸易研究畜牧业与资源环境的协调关系，探究畜产品贸易对资源环境协调关系的主要贡献。在前人关于虚拟水、隐含碳贸易等问题研究的基础上，分别以虚拟水和隐含碳表征资源问题及环境问题，结合改进后的 IO-LCA 方法综合测算畜牧业能源型、生理型的隐含碳排放及虚拟水消耗，从而得出畜产品进口的资源环境效应和对协调发展的贡献系数。

1.5.2 不足之处

囿于个人学术能力和科研条件，本书仍有较多不足。

（1）畜牧业资源环境是一个庞大而复杂的系统，在研究中可能对某些资源环境要素的考虑不周，对影响协调关系的因素分析也不全面，难免存在遗漏之处。同时，农牧区等不同地区的资源环境特征有显著差异，非封闭系统下资源环境要素流动对区域承载力构成关键影响，由于相关数据不易获取，对这些问题的考虑没有纳入研究范畴，本书中提及的承载力等问题限于区域自身资源环境系统的承载能力。

（2）国内外在畜牧业资源节约、环境保护领域取得了大量发展经验，但限于文献研究和实地调研的深度与广度不足，对相关经验的梳理和模式的搜集仍有欠缺。

（3）本书探究了畜牧业与资源环境的协调关系，但如何构建畜牧业资源环境均衡系统还缺乏足够的实证研究，构建更为严谨的畜牧业资源环境一般均衡模型和探索畜牧业资源环境补偿机制将是本书今后继续开展的重点内容。

关于本书的其他未尽之处将在本书最后讨论环节系统阐述。

第2章

畜牧业与资源环境的协调关系与失调缘由

　　人类关注资源环境问题的根本原因在于恶化的资源环境条件阻碍了文明前进的脚步，资源环境约束的实质终归是资源环境对人类生产和发展的制约。特别是工业革命以来，社会生产效率取得质的飞跃，人类对资源环境的索取和破坏程度急剧攀升，更为广泛的资源环境问题接踵而至，为人类文明的长远发展敲响警钟。如果说工业文明导致的资源环境问题始于近代的机器化工厂，那么畜牧业这个古老而又现代的产业又因何面临怎样的资源环境约束？我们能否循着工业文明和城市文明的发展轨迹探寻畜牧业资源环境问题的演化脉络？

　　从全球来看，气候变化、资源短缺和环境污染是人类发展所不能回避的紧迫问题，由此引发的冰川消融、粮食危机和重大生命健康隐患在世界各地轮番上演，作为重要的资源消耗系统和污染排放系统，畜牧业的发展既对资源环境构成严峻压力，也受有限资源环境的约束而面临发展瓶颈，进而无法满足经济发展时代人类日益增长的食物需求；从国内来看，中国既处于现代畜牧业的快速发展阶段，畜产品生产和消费均已达到庞大规模并仍在增长，又处在生态文明建设的关键时期，实现绿色高质量发展任重道远，中国需要统筹畜牧业发展和资源环境保护两项任务以实现二者的协调发展目标。基于此，本章将对畜牧业资源环境约束问题追根溯源，全面阐释近现代畜牧业资源环境问题的社会经济成因，进而讨论畜牧业发展与资源环境问题的内在逻辑关系，借鉴经典经济学理论构建畜牧业资源环境问题分析的理论框架。

2.1 概念界定

2.1.1 畜牧业

畜牧业起源于原始的渔猎文明，成型发展于古代农耕文明，繁荣兴盛于近现代工业文明，转型调整于当代生态文明。在不同历史时期，畜牧业生产形式、内在含义和功能属性有明显差异：原始畜牧业的内涵与属性是驯化动物以满足人类生活资料需求；进入农耕文明，农牧区畜牧业逐步分异，以农为主、农牧结合的经济特征日趋成熟，畜牧业兼具生活与生产资料特征，对维系农业生产和国家统治意义深远；近现代的工业化、城市化促使畜牧业向满足人类食用等消费需求的营养属性、社会经济属性收缩，在农牧生产中分离出来成为高度专门化的农业生产部门；资源短缺、环境污染倒逼人类反省并调整生产方式，生态文明时代的畜牧业开始关注畜牧业发展与资源环境约束的内在联系和协调关系。

主流观点认为畜牧业是生产动物性产品的产业，人类利用被驯化动物的生理机能把植物性产品转化为动物性产品，具有自然再生产与经济再生产交织、以第一性植物生产为基础进行第二性生产等特征。本书基于已有研究和相关认知，从畜牧业生态生产系统的角度提出狭义畜牧业与广义畜牧业两层含义：狭义畜牧业仅包括动物生产过程，即从植物能到动物能的转换，其实质仍然是传统畜牧业的概念；广义畜牧业系统则在动物生产层（畜牧业生产层）的基础上向前延伸至生产并提供畜牧业所需植物能的前畜牧业植物生产层，向后延伸至把动物转换为可消费动物产品的后畜牧业加工生产层,是涵盖动物生产以及与之相关的植物生产、产品加工等整个环节的产业部门,广义畜牧业是"山水林田湖草"生命共同体背景下畜牧业生态、生产系统的有机融合,兼具生态、经济和社会属性(见图2-1)。在本书中,主要对狭义的畜牧业发展问题开展了研究工作,同时又基于广义畜牧业概念探讨了畜牧业生产系统和资源环境系统的依存关系。

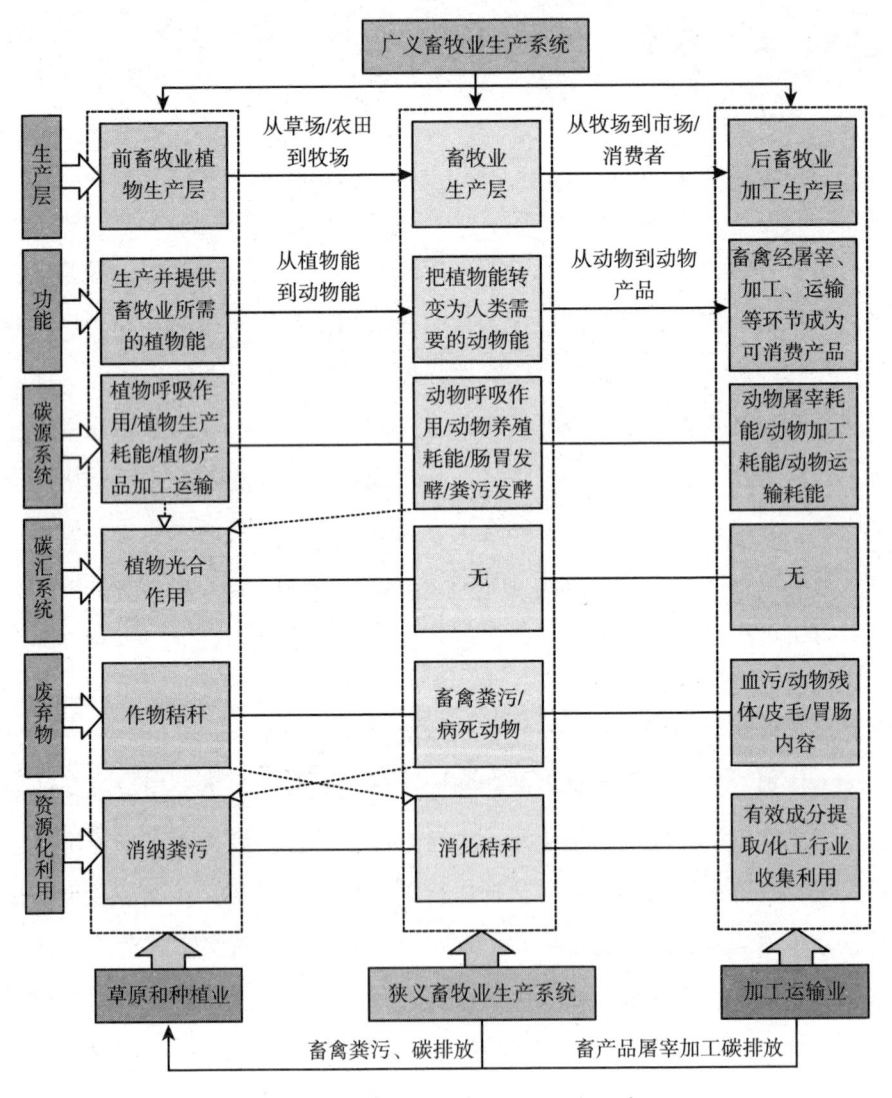

图2-1 狭义与广义畜牧业生产系统

2.1.2 资源环境约束

马克思在《资本论》中指出:"劳动和土地,是财富两个原始的形成要素。"这表明资源不仅包括自然资源,还包括人类活动的社会资源。畜牧业资源即畜牧业生产过程中所使用的投入,涵盖畜禽生产所需的一切自然投入品与社会投入品。由于本书关注区域自然资源环境与畜牧业的协调关系,故把畜牧业资源限定在自然资源范畴。畜牧业的生产活动是畜禽在一定土地范围摄入饲料粮、牧草、水等食物进行生产的过程,畜牧业资源主要包括土地、饲料粮、牧草和水等。一方面,资源与环境是一个整体,自然资源包括环境资源,环境要素同样包含自然资源,资源、环境相互交叉、融合共同构成一个完整的资源环境生态系统;另一方面,资源与环境相互区别,资源为畜牧业生产提供物质基础,是有形的生产资料,环境为畜牧业生产提供消纳空间,同时还要满足人类对生态、美观的需求。当代畜牧业的核心功能是保障人类动物产品的食用等消费需求,畜牧业资源环境约束的本质正是人类不断增长的动物产品需要与有限的畜牧业资源、环境供给之间的矛盾,是有限资源环境系统对畜牧业无限发展的抑制性和约束性。

如何认知资源环境对畜牧业乃至整个人类社会的约束?相对悲观的人口负担论认为:人口爆炸、需求增长将导致资源枯竭,资源压力引发环境承载能力下降,技术进步无法从根本上化解人类与资源环境的矛盾;相对乐观的人口贡献论认为:资源足够充足,技术进步和人力资源可以保障人类社会持续发展。就当前阶段而言,资源环境对畜牧业产生的是相对约束,资源环境能够支撑现有的畜牧业生产规模,但从长期动态的视角来看,资源环境对畜牧业扩张和长期可持续发展确有深刻约束。这种约束集中体现在两个层面:一是经济社会领域的约束,资源环境的有限性表现为经济学的稀缺性,资源环境供给量与畜牧业发展需求量出现供需失衡，将制约畜牧业生产在数量上的增长；二是自然生态领域的约束，畜牧业粗放发展模式产生草原退化、水体富营养化、土壤污染等资源环境恶化现象，甚至迫使人类赖以生存的资源环境生态系统出现不可逆转的毁坏，最终危及、抑制人类发展进程，降低人类生存与发展的质量。

2.1.3 协调发展

自经济学诞生以来，"发展"一直是人类探讨的重要主题。"协调"的概念早于"发展"，早于经济学，不论是中国古代的"天人合一""中庸之道"，抑或是西方"爱智"等哲学思想，都在不同维度阐述"协调"的哲学逻辑。在经济发展理论中，从"发展"到"协调发展"是一场质的飞跃，古典经济学认为"协调"的工具是"看不见的手"，马歇尔则在以边际分析为特征的新古典经济学中把"协调"解释为均衡，此后逐渐发展出"帕累托最优"协调标准、瓦尔拉斯均衡意义上的全局协调、"干预主义"的宏观协调与协调发展理论。"协调"为"发展"冠以尺度，是衡量发展状态、指引发展方向的重要标杆。任何一个产业或经济部门都需要树立"协调"思想并谋求协调发展的方式，特别是在全球资源环境约束趋紧的时代背景下更应当形成与自然和谐统一的协调发展导向。

资源环境协调关系是一种良性的可持续发展关系，人类发展观经历了传统粗放发展到可持续发展的转变，"先污染后治理"的思想逐步被淘汰，取而代之的是人与自然协调和谐、共生共荣的发展新路。就畜牧业与资源环境的关系而言，畜牧业依附于资源环境系统，资源环境影响畜牧业生产结构与生产规模，两者协调发展的本质是生态承载均衡、资源环境优化、畜牧业长足发展的互动过程。这种协调关系具有多重表现：一是状态的协调，资源环境可持续满足畜牧业发展需要，生态承载均衡长期维持，资源环境系统持续优化和持续利用并存；二是行为的协调，人类主动调整生产方式和生活方式，通过一定的政治、经济、社会行为调整适应资源环境变化和发展的需要，使得资源环境需求控制在资源环境供给水平之下；三是效率的协调，在可持续发展的要求下，推动现有资源节约、高效、循环利用，着力优化资源环境配置效率，把畜牧业发展的驱动力从依赖要素投入转向全要素生产率提高。

畜牧业与资源环境协调发展就是要求畜牧业发展规模和速度与资源存量、环境容量相适应，既不过度发展造成资源环境系统超载，也不过度抑制造成资源环境系统浪费，通过畜牧业与资源环境系统之间充分的要素流动和物质转换形成畜牧业生产规模与资源环境承载规模相适应的发展局面（见图2-2）。为此，本书提出以下协调标准：一是从资源环境承载力的角度来看，区域畜牧业生产规模接近资源环境系统承载规模；二是从畜牧业发展方式来看，资源、环境与畜牧业之间形成完整的物质循环链条，畜牧业生产能够充分、高效利用资源环境要素，同时又不危及资源环境系统的可持续利用性。

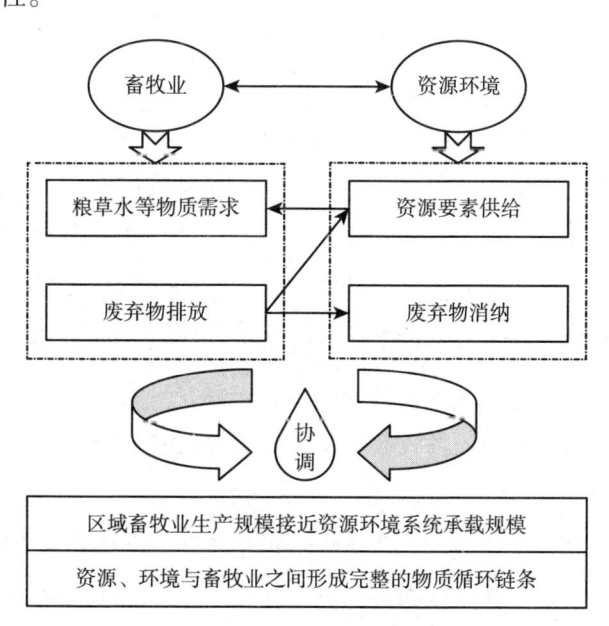

图2-2 畜牧业与资源环境协调发展的概念

2.2 理论基础

2.2.1 西方经济学中的协调理论

经济学研究的实质是探讨稀缺资源的有效配置问题。传统的经济增长模型侧重讨论土地、资本、劳动力等要素投入对经济的影响，但长期片面关注这些要素而形成的粗放经济增长模式在发展的质量和可持续性等方面遭遇重大挑战。此后，逐渐兴起的发展经济学、资源环境经济学、生态经济学在传统经济增长理论基础上进一步探究了人口、资源、环境和经济增长之间的联系，特别关注资源环境系统与经济发展系统之间的作用机理，而在这一过程中，关于"协调"的认知和理论体系趋向成熟。总体来看，西方经济学为本书提供了以下四方面的理论支撑。

一是资源配置理论。资源配置的核心是探究不同资源之间的协调性关系，以最优的资源组合形成最有效率的发展状态。西方经济学重点关注稀缺资源的最优配置问题，其中资源是指为生产所需的一切要素，具有稀缺性、多用性等基本特征。因此，同种资源可以在不同部门间流动、配置，形成多样化的资源配置结构。与此同时，不同的资源配置方式对经济效率具有重要影响，经济学把"最优"的资源配置状态称为帕累托最优状态。对于生产者而言，若要实现帕累托最优状态，则必须实现不同要素的边际技术替代率相等。更进一步讲，把资源、环境要素作为畜牧业生产的要素基础同样存在最优配置及配置效率问题，尤其是在资源存量、环境容量相对紧缺背景下，将其纳入畜牧业发展的要素基础探究配置效率问题具有重要意义。

二是产权与外部性理论。传统经济理论关于对资源配置问题的研究饱含了协调的思想，但在忽视产权结构及外部性等问题的情况下，难以真正实现资源的有效配置与协调化发展趋势。20世纪的资源危机、环境危机迫使人类反思经济发展方式，资源环境经济学的出现逐渐扭转了人类与环境关系的认知体系，并提供了产权、外部性等经济学方法用以处理资源环境问题。产权理论认为，能够产生有效配置的产权结构包括排他性、可转让性、强制性等主要特征，要求对资源环境等全部生产要素的产权结构进行明确划分，同时解释了资源配置低效率的成因。外部经济与外部不经济为一个部门影响外界的现象提供了经济学成因，同不完全市场、信息不完全等其他因素共同构成了市场失灵的主要原因（钟水映等，2017）。一切资源环境问题的本质都与不明晰的产权结构和外部性具有重要的联系，产权与外部性理论强调了从制度的层面廓清生产要素的产权结构，把制度作为协调化的重要手段。

三是生态平衡理论。在资源环境经济学取得快速发展的同时，20世纪末至21世纪初，部分经济学学者把目光投向生态系统与经济系统交叉的学科领域，推动诞生了生态经济学，强调运用系统化思维探究生态系统与经济系统的内外联系和逻辑关系。自生态经济学诞生之初，就强调对生态系统承载极限的思考，生态平衡理论贯穿生态经济学发展的始终（齐红倩等，2016）。进入21世纪后，生态经济学在我国取得快速发展。沈满洪（2009）认为生态经济问题主要是生态非资源化和经济逆生态化以及生态与经济的对抗，并把生态经济学定义为"一门研究和解决生态经济问题、探究生态经济系统运行规律的经济科学"，提出生态经济系统、产业、消费、效益、制度五个生态经济学范畴以及生态经济协调发展、生态产业链、生态需求递增、生态价值增值四个生态经济学基本规律。生态承载理论的实质即为生态系统与经济系统的协调关系分析，并从承载力的角度对这一协调关系进行了界定。

四是可持续发展理论。可持续发展思想源远流长，但现代可持续发展理论萌生于工业革命后的世界人口爆炸式增长、自然资源加速短缺、生态环境持续恶化。1968年，讨论人类目前与将来处境的罗马俱乐部形成，并于1972年发布第一个报告《增长的极限》，认为资源短缺将成为约束条件滞缓工业化发展速度，人类对传统经济发展模式的反思催生了关注节约环境、保护环境、提高经济效益相协调的可持续发展理论。世界环境与发展委员会的报告《我们共同的未来》把可持续发展定义为"既满足当代人的需要，又不对后代人满足其需要的能力构成危害的发展"，这一概念在全世界范围得到了广泛认同（刘思华，2007）。以可持续发展理论作为畜牧业发展与资源环境约束协调关系研究的基础理论，就是要在畜牧业生产实践中贯穿可持续发展的原则和要求，坚持畜牧业生产规模与资源环境条件相适应，坚持畜牧业区域公平、代际公平与高效生产相统一，坚持科技创新、制度优化、公众参与、全球治理相结合，构建经济、社会、生态可持续的现代畜牧业体系。

2.2.2 新时代的协调发展理念

协调发展理论是马克思主义的基本思想之一。1847年，马克思在《哲学的贫困》一文中提出"社会机体"概念，把社会认作"同时存在而又互相依存的社会机体"，主张以全面、辩证、系统的观点研究问题，这是马克思主义关于社会协调的雏形。唯物辩证法充满了协调发展思想，联系的观点强调事物之间及事物内部诸要素之间相互影响、相互作用、相互制约，发展的观点强调世间万物运动发展且由简单到复杂、由低级到高级、由新事物替代旧事物，对立统一规律强调矛盾具有普遍性、特殊性和不平衡性，应当坚持"两点论"与"重点论"的统一。其中，联系是物与物之间的横向协调，发展是前与后之间的纵向协调，对立统一是主次矛盾、主次方面的关系协调，协调发展理论是贯穿马克思主义的重要理论脉络。

协调发展是以发展为目的、协调为手段的发展方式，更加强调各系统及系统内各要素互促互进达成最佳效能，十分关注采用控制、调节等策略实现全面、协调、可持续的发展目标。习近平基于中国传统文化和马克思主义，针对当代城乡发展不平衡、物质文明与精神文明发展不平衡等一系列问题提出协调发展理念，是指引当代乡村振兴、精神文明和生态文明建设的重要理论基础，对协调经济发展与资源环境保护之间的关系有着重要的指导意义。2015年，党的十八届五中全会提出创新、协调、绿色、开放、共享五大发展理念，为建设现代化经济体系提供了有力的理论武器，而协调不仅是要实现区域协调，还要在资源环境领域全面落实协调发展观。为促进人与自然和谐共生，要强调可持续发展，实现经济发展和人口、资源、环境相协调，走生产发展、生活富裕、生态良好的文明发展道路。自然界内部、人与人、人与社会、人与自然之间以及社会内部诸要素之间实现均衡、稳定、有序，相互依存，共生共荣。这是一种动态中的平衡、发展中的协调、进取中的有度、多元中的一致、"纷乱"中的有序。协调发展理论为认识畜牧业与资源环境的关系提供了衡量标准，本书以协调发展理念为支撑，探索畜牧业生产与资源环境约束的协调关系（见图 2-3）。

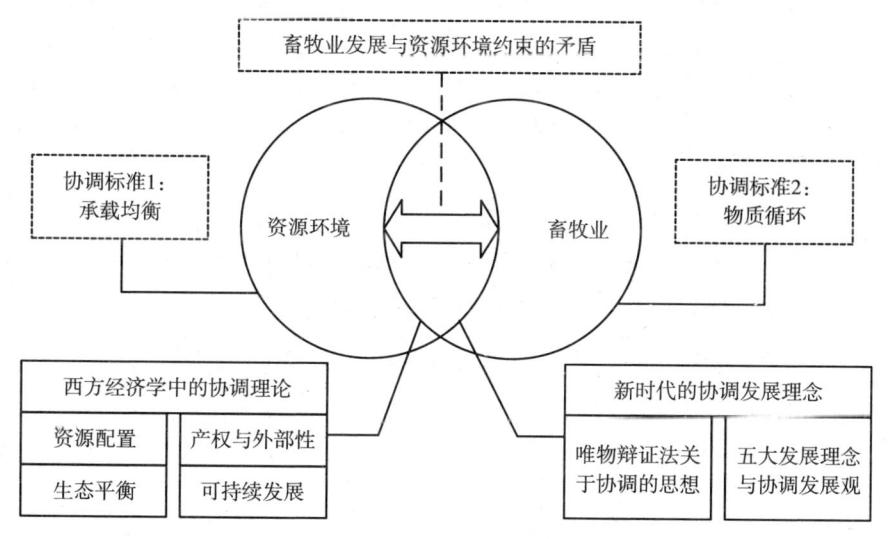

图 2-3 畜牧业与资源环境协调关系研究的理论基础

2.3 畜牧业与资源环境的协调关系

2.3.1 协调关系

一方面，资源环境是承载畜牧业发展的基础。畜牧业是依赖动物生产动物性产品的产业，其发展离不开牧草、饲料等资源供给的碳水化合物、脂肪、蛋白质等营养物质，同时也会向土壤、水体、空气等环境排放畜禽粪污、废气等污染物，畜牧业生产过程以资源环境系统为基本依托。另一方面，畜牧业是加快资源环境系统物质循环和能量流动的重要部门。动物摄食植物满足自身能量需求的基础上分解、释放能量及二氧化碳、无机盐等物质，并将其返还资源环境系统满足植物生长需要，保障了资源环境系统能量链条的完整性。资源环境系统与畜牧业生产系统相互联系、相互作用，共同形成互促互进的协调性生存与发展关系。当畜牧业规模无限扩张，超过资源环境系统资源供给上限和环境消纳上限时，两者原有的平衡、协调关系被打破，畜牧业资源环境问题便会出现，资源环境约束正是有限的资源环境对超载动物生产的约束。

总体来看，畜牧业与资源环境的协调关系集中表现为两个系统之间的共生关系。对资源环境系统而言，既能够支撑畜牧业发展，也会在一定程度上制约畜牧业；对于畜牧业而言，既会依赖资源环境系统，也会反作用于资源环境。推动畜牧业与资源环境协调发展的实质正是广泛挖掘两大系统发展的统一性，减少畜牧业与资源环境的对抗性。构建畜牧业与资源环境的协调关系既符合畜牧业可持续发展的内在需要，也有利于破解资源短缺、环境污染等突出问题。

2.3.2 失调表现

探究畜牧业与资源环境失调缘由需要首先明确两者失调的主要表现，对应本书确定的两大协调标准，畜牧业与资源环境的失调主要表现在两个方面。

一是畜牧业生产规模与资源环境承载容量不匹配。协调发展要求畜牧业生产规模与资源环境承载规模相匹配，当畜牧业生产规模严重低于或严重高于资源环境承载规模时，均会导致畜牧业与资源环境失调问题。结合实际来看，畜牧业生产规模严重低于资源环境系统承载规模时难以导致资源环境问题，故本书不再重点讨论这一情况。在我国当前发展阶段，畜牧业生产规模与资源环境承载容量不匹配更多表现为畜牧业生产规模超出资源环境系统的承载范围，由此产生饲料粮、牧草、水等资源短缺以及水体污染、土壤污染、碳排放增加等环境污染现象。

二是畜牧业生产过程与资源环境系统相割裂。即使畜牧业生产规模同资源环境承载规模相匹配，依然可能产生畜牧业与资源环境失调的现象，其主要原因在于畜牧业生产与资源环境出现割裂，资源、环境与畜牧业之间难以形成完整的物质循环链条。尽管从承载水平的角度看一个地区的资源环境系统可能会充分承载畜牧业生产规模，但倘若畜牧业与资源环境呈现完全分割的状态，就会导致形式上的协调、实际上的失调。这种现象具体表现在资源供给与畜牧业需求结构错位、粪污点源污染与有机肥利用不足并存等方面。

2.4 失调缘由

畜牧业资源环境问题缘起于三个方面：一是畜牧业养殖规模膨胀，超过了资源环境可载范围；二是生产方式发生根本变化，种养结合、农牧循环被打破；三是资源环境具有公共属性特征，外部性和不明晰的产权加剧畜牧业资源环境领域的"公地悲剧"。

2.4.1 人口增长和经济发展刺激畜产品需求膨胀

近现代工业文明大幅提升社会生产力，促使全球步入人口增长、经济发展的关键时期，刺激具有更高营养特征的动物蛋白需求迅速膨胀，迎合这一需求特征的畜牧业随之发展起来，并首先表现在养殖数量增长这一发展层次。

更多的人口意味着更多的畜产品消费需求，意味着更大的资源环境压力，因此可以把人口增长作为引发并加剧畜牧业资源环境问题的重要原因。人口规模扩张直接引发畜产品消费需求增长，导致畜牧业资源消耗和环境排放增加。资源环境对人口数量存在一个承载范围，一旦人类对资源的索取和对环境的破坏超过承载上限，资源环境问题也就必然出现。

经济发展对提高居民生活水平和改善膳食营养结构发挥了重要作用，促使肉蛋奶等主要畜产品成为现代餐饮消费市场不可或缺的重要组成。经济发展刺激畜产品需求膨胀主要表现在两个方面：一是经济发展影响畜产品需求侧，营养、健康的畜产品消费需求持续增长，肉蛋奶占食品消费的比重不断扩大；二是经济发展影响畜产品供给侧，丰富、多元的畜产品供给不断涌现，居民消费选择范围明显扩大。

人口增长和经济发展都刺激畜产品消费需求增加，进而由扩大化的畜牧业生产规模引发资源供给数量短缺、环境消纳空间不足等问题。

2.4.2 工业化与城市化推动畜牧业生产方式变革

工业化与城市化是工业革命以来社会经济发展的主旋律，对整个社会面貌、生产方式和人们的生活方式都带来颠覆性的改变，也推动传统畜牧业生产方式向现代畜牧业生产转型。伴随传统农业生产中种养结合生产方式的瓦解，畜牧业逐渐由散养模式向集约化、规模化模式转变，直接引发农业面源污染等一系列资源环境问题。

工业化与城市化把农民由乡村推向城市，造成农村散养主体大规模流失。与此同时，畜牧业专业化、规模化快速发展，大量大型养殖企业出现规模性、地域性集聚，使得原本散养农户种养结合模式被分割为种植业和养殖业两个部分。这一现象已经十分普遍，如据笔者调研，在山东的一个农村，21世纪初尚有80%的农户采取"养猪+种粮"的农业生产方式，玉米喂猪、猪粪还田，但至2020年该村90%以上的青强壮年劳动力流向城市，仅剩养猪户1户，种粮完全依赖化肥投入，种养结合被彻底打破，这是全国农业生产转型的一个缩影。

工业化与城市化催生出现代规模养殖群体，现代工业产品为现代化的畜禽养殖提供了物质保障，城市化发展对集约化、标准化养殖提出了严格要求。工业化和城市化发展为畜牧业生产方式转型提供了必备的基础和条件，既能够为畜牧业的规模化发展提供市场牵引力，也能够为其提供推动力。当前，全球和国内大型畜禽规模化养殖企业大多以完善的现代养殖设施、健全的饲料加工工业为基础，以广大城市消费群体为主要市场，这是现代工业与城市发展的必然结果。但在这种高效规模化发展的初期，对资源环境问题重视不足，集约化生产导致集约化环境污染，对资源环境构成严重破坏。

从这两方面来看，工业化与城市化无论是改变农民生产生活方式，还是催生大型养殖企业，都彻底扭转了畜牧业生产方式，打破了种养结合的传统农牧业要素流动结构，畜禽养殖的地域集聚促使畜禽粪污地域集聚，对区域资源消耗和环境消纳带来空前压力。

2.4.3　外部性和公共产权导致市场失灵及效率损失

第一种缘起是畜禽粪污排放数量增多，第二种缘起是畜禽粪污还田利用减少，这两个问题的同时发生似乎满足了畜牧业资源环境问题的生成条件，但倘若相关主体能够对畜禽粪污规范处理，资源环境问题或许难以发生。因此，畜牧业资源环境问题还缘起于更深层次的社会经济原因，即资源环境的公共产权属性和畜牧业生产活动的外部性。

外部性是在没有市场交易情况下，某一单位或个人对其他单位或个人的福利构成的直接且非故意的影响。环境的利用存在广泛的外部性，畜牧业生产活动需要空气等多种环境投入，但实际生产活动往往忽视环境要素投入问题，养殖主体只计算与自己切身利益相关的成本、收益，不考虑环境投入和环境损害，从而产生环境负外部性，这是畜牧业环境问题产生的重要原因。产权是一种通过社会强制实现的对经济物品的多种用途进行选择的权利。以公共草场和粮食为例，公共草场具有公共产权属性，每个牧户在公共草场放牧都会以自身利益最大化为目的，忽视草场的合理载畜量，但农民种植出的粮食具有私有产权特征，养殖户需要通过交易获得，就会考虑粮食的多寡、价格以确定自己的养殖规模。因此，具有明确产权的资源往往较产权不明晰的资源、环境更容易获得保护。空气、公共土地、公共池塘不具有排他性，这种不满足排他性的不完全产权同样是产生环境问题的重要原因，如养殖场散发臭气污染周边空气，而空气的使用不具有排他性。外部性和公共产权属性使得市场机制难以顺利运行，更无法起到优化资源配置的作用。畜牧业资源环境领域存在多样的外部性与公共产权特征，极易产生市场失灵、效率损失，养殖主体不需要对资源环境负责的情况下，相关问题随之出现。

基于上述分析，研究认为人口的增长直接驱动畜牧业规模扩大，经济发展则分别从供给与需求两侧驱动畜牧业规模扩大，两者的落脚点均是需求膨胀刺激畜牧业消耗与排污增多，而与此同时的工业化、城市化打破了种养结合、农牧循环的生产模式，导致更多的畜禽粪污等污染物排放和资源要素需求在小范围内迅速扩大，而众多资源、环境要素具有外部性和公共产权属性，这就使得生产者无须把资源环境要素置于投入品考虑范畴，畜牧业资源环境问题的产生成为必然（见图2-4）。

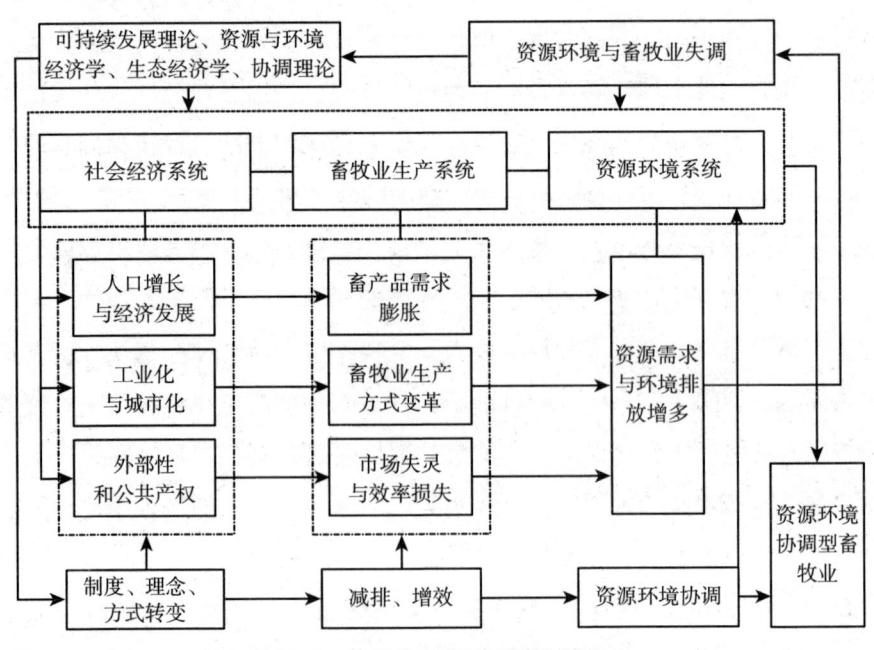

图2-4 畜牧业与资源环境失调缘由

2.5 本章小结

本章从两个层次分别阐述了狭义畜牧业和广义畜牧业的概念,认为广义的畜牧业和资源环境系统必然有着紧密的联系,对于这一概念的分析是探究畜牧业与资源环境系统关系的重要前提。同时,本章还在概念界定的基础上明确了开展畜牧业与资源环境协调关系研究的理论背景,强调了资源配置理论、产权与外部性理论、生态平衡理论、可持续发展理论及新时代的协调发展理念对本书的重要指导作用。基于相关理论分析,本书结合我国畜牧业发展实践,探索性分析了何为畜牧业与资源环境的协调关系、畜牧业与资源环境关系失调的表现及缘由等问题。

第3章

中国畜牧业发展的资源环境约束特征

明确畜牧业发展状况和资源环境约束特征是开展畜牧业与资源环境协调关系研究的前提。第2章剖析了畜牧业与资源环境失调的缘由，本章系统梳理改革开放以来的畜牧业发展成就、生产布局、关键约束，对畜牧业资源禀赋和环境约束进行量化分析。

3.1 中国畜牧业发展概况

3.1.1 改革开放以来的畜牧业成就

1. 生产规模显著扩大，产品结构日趋优化

主要畜产品的供给水平已经彻底扭转改革开放初期严重供给不足的状态，从"全面供给不足"发展为"总量供给充足"，但存在区域性、阶段性、品种性供给过剩或短缺等问题，维持稳产保供秩序和提高竞争力是当前主要畜产品生产的首要任务（陈伟生等，2019）。从图3-1可以看出，1978年我国肉类总产量仅为943万吨，到2014年增长至峰值8817.9万吨，此后受环保、非洲猪瘟等因素影响，2020年肉类产量回落至约10年前的水平。去除非洲猪瘟的影响来看，2018 年猪肉产量较 1979 年增长 4.40 倍，而禽肉、牛肉、羊肉产量也获得了大幅提升，分别较 1979 年增长 23.49 倍、27.00 倍和 11.50 倍。与此同时，我国禽蛋和奶业也取得了长足发展，2020 年禽蛋产量达 1982 年的 11.34 倍，并连续多年居全球首位，奶业在 21 世纪初的 5 年飞速发展，2020 年奶类产量为 1980 年的 24.82 倍。改革开放 40 余年来，我国不仅凭借全球 7% 的耕地养活了近 20% 的人口，而且还解决了居民对肉、蛋、奶等畜产品的基本需求，让国民在"吃饱"的基础上"吃好"。

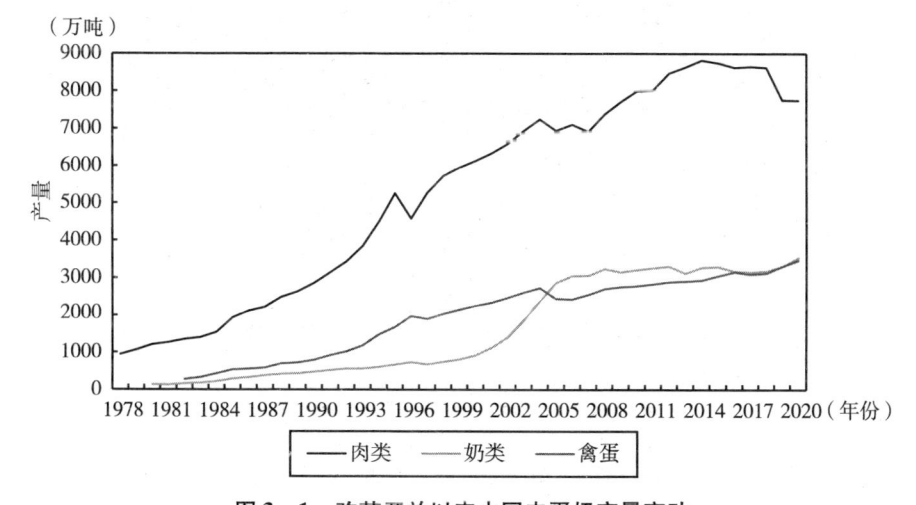

图 3-1 改革开放以来中国肉蛋奶产量变动

资料来源：国家统计局和《中国农村统计年鉴》。由于数据缺失，1981~1984 年奶类数据使用牛奶产量替代，奶类、禽蛋数据分别自 1980 年和 1982 年开始。

适应居民膳食营养升级和消费结构改善的现实需要，我国畜牧业结构日趋优化，肉类消费占肉蛋奶消费比重明显下降，奶产品消费比重显著扩大（见图 3-2）。从肉类生产的内部结构来看，畜牧业已经从单一生猪为主的生产结构向猪、牛、羊、禽和特种动物全面发展转变，猪肉产量占肉类产量的比重从 1985 年的 85.89% 下降至 2018 年的 62.65%[1]。禽肉、牛

---

[1] 2020 年，由于非洲猪瘟疫情影响，猪肉产量比重仅为 53.09%，但这属于非洲猪瘟疫情影响下的特殊情况，因此 2018 年的猪肉消费更能够说明猪肉消费的正常水平。

肉、羊肉产量占比全面扩大，分别从1985年的8.32%、2.42%、3.08%上升到2018年的23.12%、7.47%、5.51%，老百姓的菜篮子不仅"装得满、拎得稳"，还能"装得丰富"。为促进奶业和牛羊肉等草食畜牧业发展，国家先后出台振兴奶业苜蓿发展行动、"粮改饲"、牛羊生产发展五年行动等重大政策规划，支持民族奶业振兴和扩大牛羊生产。国家统计局数据显示，2020年实现奶牛存栏1043.3万头、肉牛出栏4565.5万头、肉羊出栏31941.3万只，有力保障了居民健康、多样的畜产品消费需求。

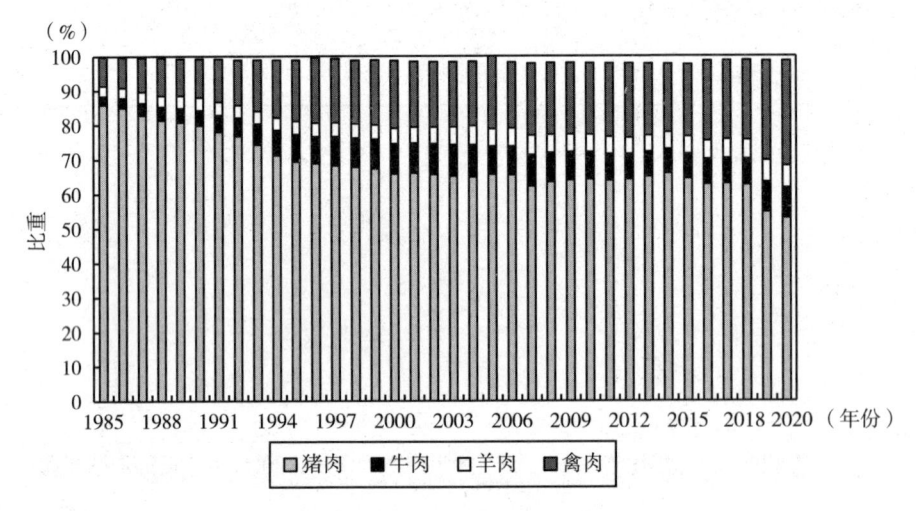

图3-2 1985~2020年中国主要肉类产品占肉类产量的比重变动

资料来源：根据国家统计局和《中国农村统计年鉴》数据计算得到。

2. 生产方式稳步升级，发展理念明显转变

中国畜牧业正朝专业化、规模化和现代化方向发展，传统粗放型畜牧业向更加关注生产效率、成本收益、资源节约和环境保护的现代畜牧业转变（熊学振等，2021；曹翠珍等，2014）。当前，国家和生产主体将畜牧业发展的驱动力从要素投入增加转向科技进步和提升全要素生产率，全面提高畜禽生产能力和改善养殖环境，大力推进畜禽良种等核心技术攻关和普及畜禽粪污资源化利用等绿色发展理念，规模化养殖、种养结合成为这一时期畜牧业发展的热点问题。

从生产方式看，中国畜牧业经历了从传统家庭散养为主的生产方式向以规模养殖为主的生产转变，这尤为体现在禽类和生猪等领域。伴随城市化、工业化推进，农村"种田—养猪""秸秆喂畜—畜粪还田"的生产方式被打破，畜牧业空间集聚和规模化程度大幅提升，规模养殖场成为主要畜禽生产的核心主体。据农业农村部统计，2019年以生猪年出栏500头以上、肉牛年出栏50头以上、羊年出栏100只以上、肉鸡年出栏10000只以上、蛋鸡年存栏2000只以上、奶牛年存栏100头以上的规模化标准计，生猪、肉牛、羊、肉鸡、蛋鸡和奶牛的规模化率分别达到53.0%、27.4%、40.7%、82.5%、78.1%和64.0%，畜牧业综合规模化率[①]由2003年的20.6%提高到64.5%。同时，国家不断加大牧业生产扶持力度、高度关注动物疫情防控、积极推广现代养殖科技，为畜牧业生产升级创造了有利条件。

从发展理念看，中国畜牧业经历了"先污染，后治理"的过程，从忽视资源环境的掠夺发展方式向资源节约、环境友好型畜牧业转变。针对草原过度放牧导致的生态退化问题，国家自2011年起实施草原生态保护补助奖励政策，支持草原生态保护和牧区产业转型；针对畜禽粪污集中排放产生的农业面源污染问题，先后出台《畜禽养殖污染防治管理办法》《中华人民共和国环境保护税法》等法规文件，对规模养殖场征收环保税，实施畜禽粪污资源化利用整县推进项目。无论畜牧业发展面临的现实境遇，还是政府陆续出台的政策法规，都充分表明中国畜牧业资源环境约束趋紧，绿色、可持续的发展理念正植根于中国畜牧业发展实践（王明利，2018）。

3.1.2 不同视角下的畜牧业生产布局

因目标导向不同，我国畜牧业布局的界定方式多样，常见的有以牧业产值划分的经济布局、以主导畜禽生产划分的产量布局，本书还依据现代畜牧

---

① 综合规模化率 = $\dfrac{规模以上蛋白当量}{各畜种总蛋白当量}$。

业的功能特征和生产目标划分了畜牧业蛋白布局（熊学振等，2021）。

1. 经济布局视角

畜牧业生产总值是一个地区在一定时期内畜牧业生产活动的最终成果，是研究畜牧业产出水平和布局特征最常用的指标之一。

据《中国农村统计年鉴》，2020 年我国畜牧业生产总值[①]增长至 40266.7 亿元，占农林牧渔业总产值的 29.22%，且较 1978 年提高 14.22 个百分点。从当年各省份的畜牧业产值来看，产值最高为四川 3613.8 亿元，河南、湖南、山东、云南、河北紧随其后，牧业产值均超过 2000 亿元，6 省牧业产值占全国牧业总产值的 40.70%，呈现北方"冀鲁豫聚集区"和南方"川湘聚集带"的南北两重心生产格局；此外，牧业产值超过 1000 亿元的还有黑龙江、安徽、湖北、广东、辽宁、内蒙古、吉林、广西、江苏、福建、江西、新疆、贵州 13 个省份，主要分布在我国东北和南方地区，牧业产值占全国的 47.87%，畜牧业生产地位十分关键；其余 12 个省份的牧业总产值仅占全国的 11.43%，产值最低的分别为北京、上海、西藏。总体来看，畜牧业经济活跃的地区主要分布在中东部，尤其是倾向于集聚在耕地资源和粮食生产丰富的农业大省，同时，靠近主要消费区也是畜牧业经济布局的一个明显特征。

2. 产量布局视角

畜牧业是多个畜禽种类组合成的产业部门，不同畜禽种类在要素投入和生产方式等方面都存在较大差异，因此，在区域资源禀赋和市场消费特征的引导下，不同畜种形成各具特色的生产布局。本书以 2020 年猪肉、牛肉、羊肉、禽肉、禽蛋和牛奶产量划分出生猪、肉牛、肉羊、肉禽、蛋禽和奶牛生产布局。

猪肉、禽肉、禽蛋等食粮型动物产品布局（见图 3-3）特征相似，多

[①] 除特别说明外，本书所提畜牧业生产总值为按当年价格计算结果。

分布在粮食主产区。猪肉产量前三的是四川、湖南、河南，都在320万吨以上，其次为云南、山东，形成东北三省、冀鲁豫、两湖两广、云川贵等多中心的生猪生产格局；禽肉最高产量为山东的357.1万吨，超过100万吨的还有广东、安徽、广西、辽宁、河南、福建、四川、江苏、河北9个省份，同属生猪大省；禽蛋最高产量是山东、河南的480.9万吨、449.4万吨，产量超过百万吨级别的还有河北、辽宁、江苏、湖北、安徽、四川等10个省份，禽蛋峰值省区几乎与猪肉、禽肉重合，但北方禽蛋产量多高于猪肉、禽肉产量，南方反之。总体来看，食粮型动物产品的峰值省区主要有河北、辽宁、江苏、安徽、山东、河南、湖南、四川、云南等，几乎全部属于我国重要的产粮大省，表明食粮型动物生产布局与粮食生产布局存在高度空间关联。

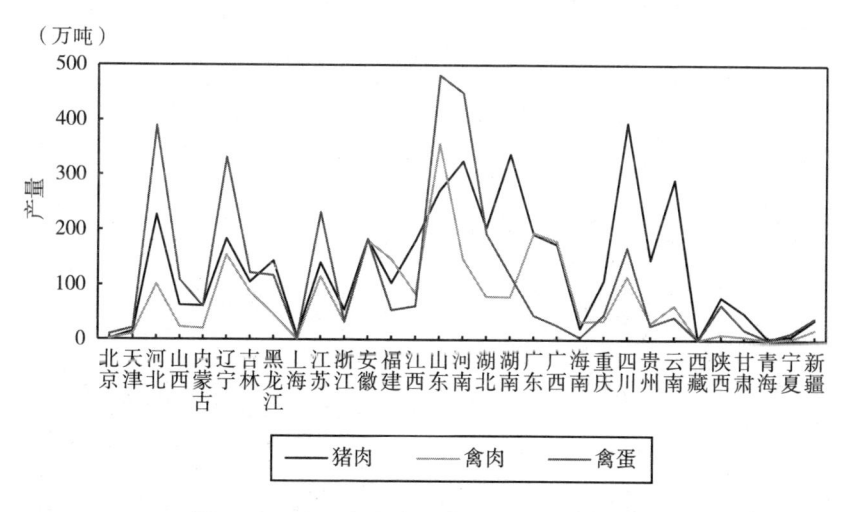

图 3-3　2020 年各省份食粮型动物产品产量

牛肉、羊肉、牛奶等草食型动物产品布局（见图3-4）特征接近，多分布在牧区和部分农区。牛奶最高产量是内蒙古，为611.5万吨，黑龙江、河北两省均在400万吨以上，山东、宁夏、河南、新疆4省（区）的牛奶产量在200万吨以上，总体形成北方牧区和冀鲁豫农区两大奶牛产业群；牛肉产量最高的内蒙古为66.3万吨，山东、河北、黑龙江、新疆、云南是产量超40万吨的肉牛大省（区）；羊肉最高产量是内蒙古的113.0万吨，新疆、山东、河北则以30万吨以上的产量位居其后。草食型动物产品的峰值省（区）主要包括河北、内蒙古、黑龙江、山东、新疆等，基本分布在北方牧区和冀鲁豫农区，南方的草食畜牧业总体发展水平还很滞后。值得注意的是，黑龙江牛奶产能十分突出，这与其政策支持力度密切相关，在21世纪初黑龙江就提出奶业振兴的专题方案，并自2008年起实施千万吨奶战略工程规划，2019年引进万头高产奶牛全面推进奶业振兴。

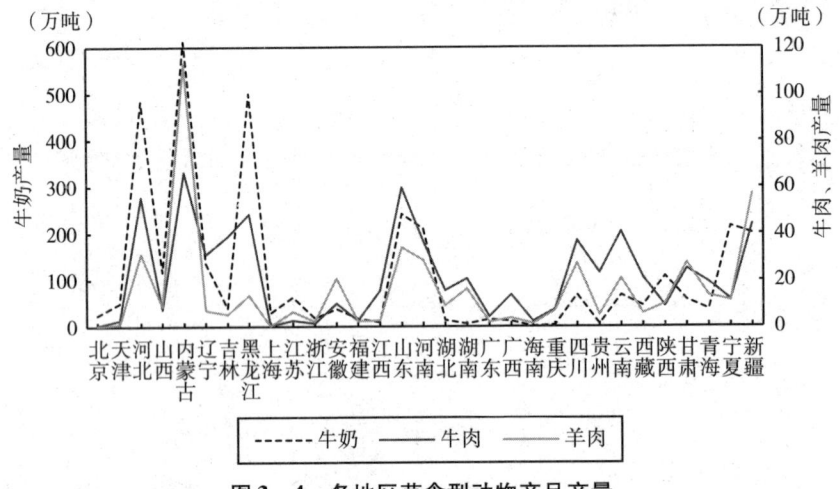

图3-4 各地区草食型动物产品产量

3. 蛋白布局视角

现代畜牧业的主要功能和产业目标是通过人工饲养、繁殖的方式把饲料、牧草等植物能转变为动物能，以满足人类社会对肉蛋奶等动物产品和动物蛋白的基本需求。基于此，本书以畜牧产业的目标为导向，以畜产品的蛋白当量为依据分析畜牧业空间布局问题。畜牧业蛋白布局是衡量畜牧业空间布局的新方法，其具体方式是把各地区的肉蛋奶产量按照单位产量的蛋白质含量转换为蛋白当量，可以较为系统、客观地衡量畜牧业产出布局特征，并可与畜牧业生产所需投入的资源环境要素相呼应，便于探究畜牧业"资源环境投入—动物蛋白产出"的协调关系问题（熊学振等，2022）。以肉蛋奶的蛋白质产量衡量畜牧业布局发现，全国肉蛋奶蛋白当量由2001年的1381.41万吨上升至2018年的1948.66万吨，2020年受非洲猪瘟冲击生猪产能影响，蛋白当量回落至1893.77万吨。冀鲁豫三省一直是全国最主要的动物蛋白产区，2001年和2020年三省动物蛋白产量占全国的比重分别为29.38%、26.35%。2001~2020年，动物蛋白产量占全国比重扩大的有内蒙古、宁夏、新疆、西藏、云南等17个省份，主要分布在中西部地区；动物蛋白产量占全国比重缩小的有北京、天津、上海、江苏、浙江等14个省份，主要分布在东部地区。总体来看，受东部经济发达地带和城市群的高压环保措施的影响，全国畜牧业布局有向中西部地区转移的趋势。

3.1.3 高质量发展阶段畜牧业的关键约束

1. 高质量发展目标

高质量发展阶段的畜牧业生产不仅需要关注数量增长，更需要注重符合社会消费需求特征的质量提升，保障主要动物产品长期稳定供应。2020年，国务院办公厅出台《关于促进畜牧业高质量发展的意见》，从产业整体竞争力、疫病防控能力、绿色发展水平和产品安全供应保障能力4个方面明确了畜牧业的高质量发展目标，特别要求猪肉、牛羊肉、奶源、禽类产品的自给率分别保持在95%左右、85%左右、70%以上及基本自给水平，并提出2025年和2030年的畜禽养殖规模化率和畜禽粪污综合利用率的发展目标，要求实现规模化水平与畜禽粪污综合利用水平的同步提升。

具体来看，高质量发展阶段畜牧业发展目标主要体现在以下方面：一是构建现代养殖体系，发展以科技创新为驱动、以优质饲草料充足供应和牧业机械集成配套为保障、以适度规模场（户）和中小养殖户等经营主体协同发展为基础的现代畜牧业；二是健全动物防疫体系，形成防疫主体责任明确、防疫能力突出、防疫制度全面、监管服务到位的全方位防疫保障体系；三是打造畜产品的现代加工流通体系，着力构建屠宰加工标准化、运输配送冷链化、溯源管理信息化、产品进口多元化的现代畜牧业生产流通新业态；四是推动畜牧业绿色循环发展，以畜禽粪污资源化利用、农牧循环、绿色养殖三大措施助力畜牧业经济、生态与社会效益共同提升。

2. 关键约束

一是畜禽良种约束。2020年，中央经济工作会议和中央农村工作会议反复强调种子是农业的"芯片"，要求坚决打好种业翻身仗，积极开展种源"卡脖子"技术攻关。不仅是种植业需要实现种业自主，畜牧业同样需要摆脱对国外畜禽良种的过度依赖。2016年，农业部出台的《关于促进现代畜禽种业发展的意见》指出，中国畜牧业"部分优良品种核心种源依赖进口，全部白羽肉鸡祖代、大部分优质种牛精液和胚胎从国外引进"，畜禽育种企业缺乏健全的育种机制且育种实力十分薄弱，这一文件还提出到2025年实现"主要畜种核心种源自给率达到70%"的发展目标。据农业农村部数据，畜牧业当前以"洋种引进"实现"良种化"的发展方式没有得到根本突破，"杜长大"已占据全球生猪育种90%以上，我国本土金华猪、荣昌猪等优良种质资源仍未获得有效开发，奶牛种源自给率低至25%，肉牛、蛋鸡的种源自给率仅为70%，生猪、肉羊勉强达到90%，但对外进口持续增加。长期依赖国外畜禽良种和优良草种将制约中国畜牧业竞争力提升，在国际形势不确定性影响下还将会加剧国内稳产保供的风险。

二是动物疫病约束。疫病防控是畜牧业规模化发展过程中所不能忽视的关键问题，它直接关乎畜禽的正常生产秩序，世卫组织推测每年因动物疫病导致的畜牧业产值会减少20%以上。中国畜牧业规模化水平快速提升的同时，重大动物疫病也在频繁发生，对畜牧业经济活动和畜产品生产秩序构成极大威胁。21世纪以来，高致病性H5N1禽流感、猪链球菌病、高致病性猪蓝耳病、H7N9型禽流感、小反刍兽疫等多起重大动物疫情严重冲击中国畜牧业健康、稳定的生产秩序，特别是人畜共患病对国民社会经济的稳定运行和人民群众的健康生活都造成不同程度的威胁和破坏。自2018年开始的非洲猪瘟对中国生猪养殖业造成空前冲击，猪肉供应偏紧致使猪肉价格飞涨，严重破坏居民正常的猪肉消费秩序（朱增勇等，2019）。

当前，我国仍处在畜牧业规模化和区域集聚化发展阶段，但相应的支持保障体系不健全、抵御各种风险能力偏弱，特别是重大动物疫病应对能力不足，这将制约产业质量效益水平提升，阻碍畜牧业现代化的全面实现。

三是养殖技术约束。"十四五"规划要求提高农业综合生产能力和竞争力，我国畜牧业总体呈现"大而不强"的局面，在科技创新体系和服务推广体系等方面仍很滞后，智慧型畜牧业发展不足，生产效率总体不高。当前，发达国家已经在畜禽高生产效率的基础上，积极发展现代智慧型畜牧业，打造以遥感、互联网、大数据、人工智能等地理信息技术和现代信息科技为支撑的现代畜牧产业链条。而我国畜牧业正处于散养迈向规模经营的初级阶段，肉牛、肉羊等较多畜禽品种规模化水平仍然很低，生产效率低下与养殖技术落后的问题十分突出。据联合国粮食及农业组织（FAO）数据，在出栏率方面，我国生猪出栏率仅为美国等畜牧业发达国家的85%左右，肉鸡甚至仅为美国、欧盟的一半左右；在个体生产水平方面，我国生猪、肉牛胴体重较美国低20千克、220千克左右，每只蛋鸡年产蛋量仅为美国的60%，每只奶牛年产奶量不足美国的30%；在智慧农业和畜牧业方面，美国早在2014年发起气候智慧型农业全球联盟，制定发布气候智慧型农业执行路线图，指导养殖主体采用智慧型生产技术，而我国还未正式步入智慧型畜牧业发展阶段。总体来看，我国畜牧业生产效率和发展水平较发达国家还有明显差距，技术落后、效率不高是制约中国畜牧业高质量发展的关键因素。

四是资源短缺约束。伴随畜牧业生产规模扩大，所需要消耗的饲料粮、饲草、水和土地等资源都在增长，进而引发并加剧"人畜争粮""人畜争水"等矛盾。饲料粮方面，据中国海关数据，2020年"饲料之王"玉米进口数量达1130万吨，而木薯、大麦等其他替代品进口速度也在快速增长，国内饲料粮对外依存度明显提升；饲草资源方面，牧区过度放牧引发草原生态退化和生产力低下，农区牧草产业仍未得到充分发展，致使牛羊等草食畜牧业发展面临优质牧草区域性和季节性供给短缺的问题，制约牛羊肉生产规模扩大和肉类消费结构优化，2020年苜蓿、燕麦草等草产品进口量已增长至172.22万吨；水资源方面，北方农区和牧区农业水资源季节性约束十分明显，对粮食灌溉和牧业生产都构成一定制约；土地资源方面，耕地资源紧张背景下养殖用地审批困难，尽管非洲猪瘟疫情发生后《关于保障生猪养殖用地有关问题的通知》等文件促使养殖用地审批有所松动，但耕地资源总量有限的现实无法扭转养殖用地紧张的状态，四川等地"高楼养猪"的模式也恰恰印证了当前土地资源紧张、流转成本过高的现实问题。

五是环境保护约束。面对资源约束趋紧、环境污染严重、生态系统退化的严峻形势，国家高度重视生态文明建设，党的十九大报告指出"加快生态文明体制改革，建设美丽中国"。畜牧业的 COD、TN、TP、CO_2 排放是环境污染的重要来源，应对农业面源污染和实现"碳达峰、碳中和"的发展目标，不可回避治理和解决畜牧业环境污染问题。2015年前后，有关部门密集出台《畜禽规模养殖污染防治条例》《中华人民共和国环境保护税法实施条例》《关于促进南方水网地区生猪养殖布局调整优化的指导意见》《畜禽养殖禁养区划定技术指南》等一系列规划及文件，部分地方政府随意扩大限养禁养区并打造"无猪市""无猪县"，打"环保"旗号"甩包袱"和"一刀切"，对畜牧业发展构成严重冲击。尽管非洲猪瘟疫情发生后各地环保政策有所松动，但生态文明建设背景下畜牧业走绿色高质量发展道路的方向没有改变，环境保护将是畜牧业实现转型升级和加快现代化发展进程中不可回避的关键问题。

3.2 畜牧业资源环境约束的量化分析

3.2.1 畜牧业资源禀赋特征

1. 土地资源

畜牧业所需的土地资源包括草地、耕地、养殖生产设施用地，草地主要用于满足草食畜种的牧草需求，耕地主要用于满足食粮畜禽的饲料粮需求，养殖生产设施用地可以为畜舍、畜禽粪污处理、病死畜禽无害化处理等提供建设场所。由于草地与牧草资源紧密关联，故对草地的分析放在牧草资源部分。

中国是一个耕地资源相对不足的国家，"人多地少"是我国的基本国情，同时中国还需要优先使用有限的耕地保障小麦、稻谷等口粮安全，这迫使用于生产饲料粮的耕地资源更为紧缺。伴随畜牧业发展和膳食结构转型，畜牧业耕地需求持续增长，在三大主粮总播种面积中，玉米由1985年的22.40%扩大至2020年的43.56%，同期小麦、玉米则由77.59%降至56.44%。尽管用于畜牧业的耕地面积有所扩大，但中国耕地资源特别是畜牧业耕地资源总体紧缺的现实短期难以扭转。2018年，中国耕地面积仅占美国的75.38%，但生猪、家禽存栏分别高达美国的5.70倍、2.76倍，年末人口数量是美国的4.26倍，可见中国畜牧业耕地资源严重不足（见表3-1）。

表3-1　　　　中国和美国耕地面积、生猪存栏、家禽存栏及人口数量对比

年份	耕地面积（万公顷）		生猪存栏（万头）		家禽存栏（亿只）		年末人口（亿人）	
	中国	美国	中国	美国	中国	美国	中国	美国
1980	9617.50	18875.50	31970.51	6731.80	11.06	12.23	9.87	2.29
1990	12380.00	18567.60	34575.48	5378.80	24.19	16.21	11.43	2.52
2000	11904.00	17536.80	43144.20	5911.03	43.00	21.37	12.91	2.82
2010	12076.83	15771.65	46765.25	6492.50	63.12	22.07	13.41	3.09
2018	11890.00	15773.68	42817.11	7507.02	61.13	22.17	13.95	3.27

资料来源：历年《中国统计年鉴》、FAO。

除此之外，在规模养殖快速发展的情况下，畜禽养殖用地审批难的问题日益突出，尤其是在东部土地资源匮乏地区表现十分明显。动物检疫、无害化处理等畜禽养殖配套设施建设长期没有得到足够重视，完善相关设施建设仍需要占用大量的土地资源。总体来看，饲料粮用地和建设用地不足都是畜牧业土地资源约束的主要表现。

2. 饲料粮资源

饲料粮是保障食粮型畜禽生产的必备物质要素，饲料粮的丰缺对畜牧业生产规模、生产结构具有重要影响。作为畜牧大国，中国同样是饲料粮生产大国和进口大国。由于对饲料粮概念、范围认知不一，学者对中国饲料粮供需规模的测算结果差异较大。但通常认为，玉米、大豆及大麦、高粱、干酒糟及其可溶物（distillers dried grains with solubles，DDGS）、木薯等玉米替代品是较普遍的饲料粮，此处重点分析玉米、大豆两类饲料粮的禀赋特征。

玉米作为最重要的饲料原料，有"饲料之王"之称。畜牧业规模扩张拉动玉米需求增长，如图3-5所示，2020年中国玉米产量较2001年扩大1.28倍达到26067.00万吨，净进口量跃升至1129.16万吨，自给率跌落至95.85%。从全球来看，中国是世界第二大玉米生产国，较美国玉米生产规模差距呈缩小之势，总体生产规模大而稳定，玉米资源禀赋比较优良。此外，在玉米临储政策改革前后的一定时期内，"高库存、高进口、高成本"的"三高"压力沉重，玉米在充足供给的同时资源要素配置扭曲与供给结构性矛盾明显。

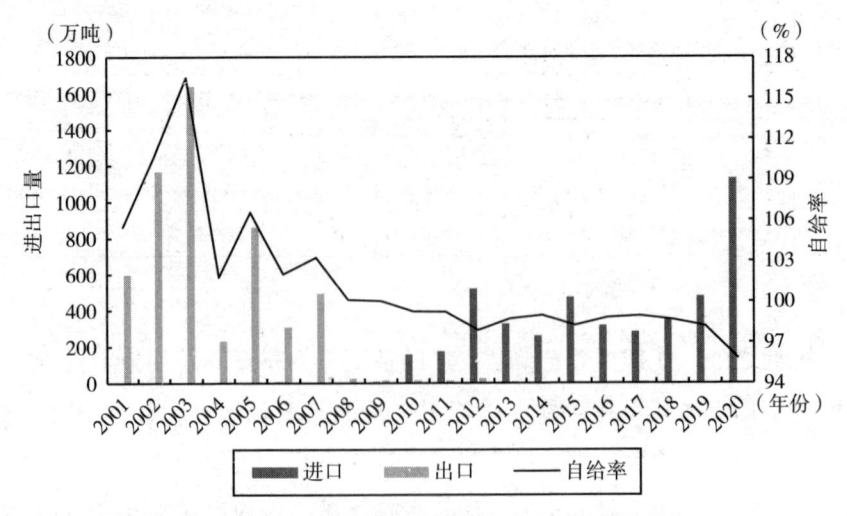

图3-5 2001~2020年中国玉米进出口量与自给率

资料来源：历年《中国统计年鉴》、UN Comtrade，并经测算得到。

大豆是重要的蛋白饲料，在提升畜禽生产效率方面成效显著。尽管大豆原产于中国，但我国大豆生产规模不足、竞争优势不强，难以满足日益增长的大豆饲用需求。2001年中国大豆产量1541万吨，此后长期增产乏力，2015年产量仅为1237万吨，在"大豆振兴计划"等政策影响下，2020年大豆产量增至1960.00万吨。美国以全球大豆34%的产量长期位居世界第一大豆生产国，巴西大豆产量同样快速增长并在2019年超过美国，两国在2018年的峰值产量分别达到12051.45万吨、11791.25万吨，且分别为当年中国大豆产量的7.55倍、7.38倍。庞大的供需缺口促使大豆进口快速增加、自给水平长处低位，2020年中国大豆进口新峰值达10032.72万吨，是同年国内大豆产量的5.12倍，大豆自给率已从21世纪初的50%以上跌落至15%左右（见图3-6）。

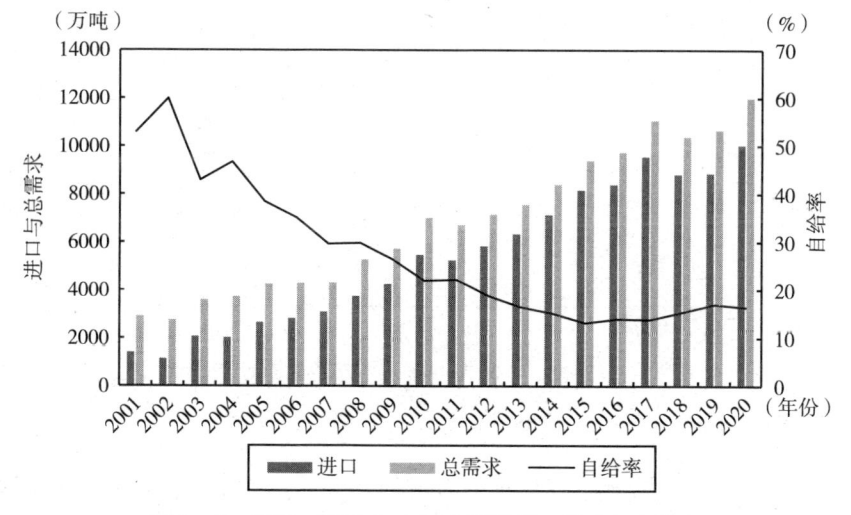

图 3-6 2001~2020年中国大豆进口、需求与自给率

资料来源：历年《中国统计年鉴》、UN Comtrade，并经测算得到。

3. 牧草资源

牧草是发展草食畜牧业不可或缺的物质条件，牧草资源是影响草食畜牧业生产布局的关键因素。我国的牧草资源主要分布在牧区天然草原，近年发展起来的人工草地和"粮改饲"也成为国内牧草资源的重要补充。

作为草原资源大国，我国天然草原面积接近 4 亿公顷，占国土面积的 2/5。尽管我国草原面积广阔，但有 40.7% 的草原分布在北方干旱半干旱区、35.4% 的草原分布在青藏高寒区，受气候干旱等因素影响，草原生态系统高度脆弱，超载放牧等人为因素极易加剧草原退化和土地沙化。在草原生态保护补奖等政策带动下，草原生态持续恶化的状况已经得到初步遏制，如图 3-7 所示，2020 年全国草原综合植被盖度增至 56.1%，天然草原鲜草总产量为 11.13 亿吨，通过围栏封育、人工种草等方式完成退化草原修复治理面积 19491.8 万亩，重点天然草原的平均牲畜超载率降至 10.1%。总体来看，我国天然草原面积广阔但承载力水平不高，区域性超载现象比较严重，气候变化和人类活动对草原生态和生产力造成明显冲击。

图 3-7 2006~2020 年中国天然草原鲜草产量走势

资料来源：历年《全国草原监测报告》。

在天然草原无法满足牧草资源需求的背景下，我国人工草地和"粮改饲"取得积极成效。截至 2017 年末，我国保留种草面积较 2001 年扩大 16.65% 达 1970.47 万公顷，其中人工种草面积较 2001 年扩大 24.93% 达 1202.27 万公顷，秸秆饲用量和其他农副资源饲用量分别快速增长至 10217.76 万吨、740.03 万吨，秸秆饲用占秸秆产量的比重为 27.19%。与此同时，中央自 2015 年起开展"粮改饲"试点工作，实施范围由最初的 10 个省份 30 个县扩大至 2019 年的 17 个省份 629 个县，完成面积由 19.07 万公顷扩大至 2018 年的 95.47 万公顷，2020 年、2021 年两年中央又提出以北方农牧交错带为重点扩大"粮改饲"面积达到1500万亩。农区种草、粮草轮作促使农区牧草生产取得长足进步，2020年青饲料播种面积219.9万公顷，有力推进了农区牛羊等草食畜牧业发展。

尽管如此，我国天然草原综合生产力和承载力不强、农区牧草产业发展不充分，严重制约国内草食畜牧业发展，优良牧草和牛羊肉的对外依存度明显偏高。我国草产品进口数量有下降趋势，但牛羊肉等草食畜产品进口持续攀升，2020年牛羊肉进口规模分别达到211.83万吨、36.50万吨，总体进口规模较2017年扩大1.63倍，自给率则以年均3.25个百分点的速度快速走低（见表3-2）。

表3-2　2017~2020年中国草产品、草种子、牛羊肉进口量及牛羊肉自给率

类别	单位	2017年	2018年	2019年	2020年
1. 草产品	万吨	185.62	170.71	162.68	172.22
苜蓿干草	万吨	139.90	138.35	135.61	135.91
燕麦草	万吨	30.79	29.36	24.09	33.47
天然牧草	万吨	11.13	0.03		
苜蓿粗粉及颗粒	万吨	3.80	2.97	2.98	2.84
2. 草种子	万吨	5.70	5.63	5.13	6.11
3. 牛羊肉	万吨	94.41	135.84	204.95	248.33
牛肉自给率	%	90.15	86.11	80.08	76.03
羊肉自给率	%	95.08	93.77	92.64	93.12
牛羊肉自给率	%	92.18	89.20	84.94	82.43

资料来源：中国海关，并经测算得到。

4. 水资源

我国水资源时空分布不均，空间方面南多北少、东多西少，时间方面夏秋多、冬春少，全国畜牧业生产布局与水资源分布的空间协调性较差，北方冀鲁豫等重要畜牧大省长期处于水赤字状态，制约畜牧业高质量发展和区域可持续发展。

依据水足迹理论，畜牧业水资源需求是指饲料、饮水、养殖场耗水及屠宰加工耗水的总和（刘晓磊等，2016）。伴随规模扩张和集约养殖，畜

牧业用水需求持续增长，特别是规模化、标准化、绿色化的现代畜牧业相比传统畜牧业耗水大幅增长。畜牧业生产过程涉及前畜牧业植物生产层、畜牧业生产层、后畜牧业加工生产层三个环节，饲料粮灌溉、动物饮水、养殖场冲刷以及加工屠宰环节都需要消耗大量水资源，这就使得畜牧业生产兼具耗水总量多、耗水用途广等特征。

据刘晓磊等（2016）研究发现，我国生猪产业耗水量从2001年的1910亿立方米增长至2012年的2650亿立方米；虞祎等（2012）基于水足迹对农区畜牧业水资源承载力测算发现，大部分南方省区和东北地区水资源存在盈余，但山东、河北、河南水资源赤字严重，且大量省区的畜牧业水资源不可持续。总体来看，我国人口增长及城市化、工业化都在加快水资源消耗进程，畜牧业扩张与水资源有限的矛盾将进一步凸显。

3.2.2 畜禽养殖污染水平分析

1. 畜禽污染排放概况

畜禽养殖污染的实质是区域内畜禽养殖污染物排放量超过该区域环境系统对污染物消纳吸收的上限。伴随畜禽养殖规模扩大和区域性集聚进程加快，环境约束趋紧已成为中国畜牧业发展所面临的不争事实。2020年《第二次全国污染物普查公报》显示，畜禽养殖业仍然是环境污染的主要来源之一，畜禽养殖业排放的化学需氧量（COD）达到1000.53万吨，占全国所有污染物排放的COD的46.67%，占农业源污染物排放的COD的93.76%；氮和磷污染的排放量分别为59.63万吨、11.97万吨，分别占全国所有污染物氮和磷排放总量的19.61%、37.95%，分别占农业源污染物氮和磷排放总量的42.14%、56.46%。污染物直接排放量超过自然环境消纳能力将会引发水体、土壤等生态污染，破坏种植业生产环境造成粮食减产等一系列问题，最终危及畜禽生产系统和人类食物营养系统。

与此同时，由畜禽胃肠发酵和粪便管理系统产生的碳排放是畜牧业碳排放的主要来源，在我国碳排放总量中占有重要比重。"十四五"规划指明中国 2030 年碳达峰和 2060 年碳中和的绿色发展目标，这要求我们不能够忽视畜牧业碳排放问题。因此，本书借鉴美国通过判例法把 CO_2 认定为空气污染物并依据《清洁空气法》对 CO_2 排放进行监管的经验，把 CO_2 与 COD、TN、TP 一同认定为畜牧业污染物。

2. 畜禽产排污测算方法

畜禽养殖排泄多少 COD、TN、TP、CO_2 等废弃物？分别有多少废弃物得以资源化利用和成为环境污染物？许多学者尝试以不同方法测算解答，但结果莫衷一是（张金鑫等，2020；宋大平等，2018；孔祥才等，2017）。特别是受清粪工艺、处理方式、气候条件的差异影响，不同时期、地区的单位畜禽污染量迥异，很难形成一套既适应区域异质性又贴合时间变化趋势的产排污核算标准。本书以《第一次全国污染源普查畜禽养殖业源产排污系数手册》、联合国政府间气候变化专门委员会（IPCC）、联合国粮食及农业组织（FAO）等文件或机构列出的相关参数为依据，结合已有研究经验，分别整理出畜禽产污系数和排污系数。

产污方面：以《第一次全国污染源普查畜禽养殖业源产排污系数手册》的分区域、分畜种畜禽养殖产污系数为基础，借鉴耿维等（2013）的研究对 COD、TN、TP 等污染物产生系数进行重新整理，对 CO_2 产生量的估算分别采用 IPCC（2006）的畜禽肠胃及粪便发酵 CH_4 排放系数和 FAO（2004）的畜禽粪便发酵 N_2O 排放系数。

表 3-3 畜禽养殖产污系数

地区	畜种	COD	TN	TP	CH_4 肠胃发酵	CH_4 粪污发酵	N_2O
华北区	生猪	130.90	10.57	1.90	1.00	3.50	1.00
	奶牛	2385.40	100.09	13.97	68.00	16.00	1.37
	肉牛	1007.92	26.55	5.00	51.40	1.50	0.33
	羊	0.17	0.78	0.17	5.00	0.16	0.53
	家禽	8.71	0.49	0.13	—	0.02	0.02

续表

地区	畜种	COD	TN	TP	CH$_4$ 肠胃发酵	CH$_4$ 粪污发酵	N$_2$O
东北区	生猪	125.22	17.21	1.87	1.00	3.50	1.00
	奶牛	2257.57	94.06	19.91	68.00	16.00	1.37
	肉牛	1126.53	55.05	6.23	51.40	1.50	0.33
	羊	0.17	0.78	0.17	5.00	0.16	0.53
	家禽	10.19	0.54	0.13	—	0.02	0.02
华东区	生猪	102.28	7.56	0.96	1.00	3.50	1.00
	奶牛	2092.07	78.30	14.04	68.00	16.00	1.37
	肉牛	1136.61	56.02	7.25	51.40	1.50	0.33
	羊	0.17	0.78	0.17	5.00	0.16	0.53
	家禽	11.10	0.38	0.18	—	0.02	0.02
中南区	生猪	110.11	13.30	1.76	1.00	3.50	1.00
	奶牛	2479.56	128.99	22.80	68.00	16.00	1.37
	肉牛	880.16	24.06	3.84	51.40	1.50	0.33
	羊	0.17	0.78	0.17	5.00	0.16	0.53
	家禽	6.12	0.34	0.05	—	0.02	0.02
西南区	生猪	115.51	6.14	1.41	1.00	3.50	1.00
	奶牛	2092.07	78.30	14.04	68.00	16.00	1.37
	肉牛	815.85	38.00	3.71	51.40	1.50	0.33
	羊	0.17	0.78	0.17	5.00	0.16	0.53
	家禽	6.12	0.34	0.05	—	0.02	0.02
西北区	生猪	121.88	11.56	1.53		3.50	1.00
	奶牛	1314.06	67.85	6.54	68.00	16.00	1.37
	肉牛	815.85	38.00	3.71	51.40	1.50	0.33
	羊	0.17	0.78	0.17	5.00	0.16	0.53
	家禽	10.19	0.54	0.13	—	0.02	0.02

注：《第一次全国污染源普查畜禽养殖业源产排污系数手册》没有给出羊的产污系数，此处采用耿维等（2013）通过其他文献整理出的羊的COD、TN、TP排放系数。

排污方面：畜禽排污量是畜禽产污量中未得到充分收集利用而直接或

间接流入生态环境系统的污染物总量。畜禽养殖排放的 COD、TN、TP、CO_2 等污染物对环境构成何种程度的威胁和破坏？这一问题同样充满争议，本书尝试借鉴周力（2011）的研究思路采用数据包络分析方法间接估算畜禽排污量。研究认为，耕地资源、草地资源、林地资源、地表水资源的丰裕度和沼气设施的生产规模对消纳畜禽污染物发挥重要作用，因此，本书把耕地面积、可利用草地面积、林地面积、地表水资源总量、沼气池总产气量纳为投入指标，把畜禽养殖产生的 COD、TN、TP、CO_2 等污染物的倒数值纳为产出指标，采用可变规模报酬的 DEA 模型以产出导向估算"畜禽养殖污染处理能力指数"（$gcrs$），且以该值表征现有技术、投入水平基础上的单位规模畜禽养殖污染的潜在处理能力，值域区间处在 [0，1]，$gcrs$ 越高说明处理能力越强。此外，以"畜禽养殖污染强度指数"（pol）表征一个地区畜禽养殖污染的强度，pol 越高说明畜禽养殖污染越严重。

$$pol = 1 - gcrs$$

3. 畜禽养殖污染强度分析

由表 3-4 可知，2001~2020 年畜禽养殖污染强度逐步加重，畜牧业环境问题日益突出。2020 年全国畜禽养殖污染的平均强度为 0.874，较 2001 年的 0.745 增长 17.32%，总体由快速恶化向相对稳态转变，畜牧业环境污染水平处历史高位。在全国畜禽养殖污染恶化的同时，各省份的污染强度呈现显著地理差异。研究期内，上海的养殖污染强度一直为 0，北京、天津则从轻度污染波动发展为长期稳定于 0 的状态，表明这些地区畜牧业发展对区域资源环境未能构成明显污染和破坏，高压资源环境保护政策对畜牧业空间转移和模式转型都发挥了有效作用。相反，四川、云南、河南、湖南、山东、安徽、湖北等畜牧大省污染强度长期位居前列，平均值均超过 0.995，畜牧业环境污染问题高度严峻，可以看出农牧业大省农牧分离不利于畜牧业资源环境协调发展。值得注意的是，新疆、内蒙古、青海、西藏等边疆牧区养殖污染强度指数逐步走高，生态环境脆弱的边疆牧区的超载现象和污染问题仍不容小觑。

表 3-4　　畜禽养殖污染强度指数

省份	2001 年	2005 年	2010 年	2015 年	2020 年	2001~2020 年平均值
北京	0.099	0.000	0.000	0.000	0.000	0.021
天津	0.000	0.000	0.000	0.000	0.000	0.049
河北	0.995	0.989	0.990	0.986	0.995	0.989
山西	0.965	0.931	0.943	0.937	0.977	0.947
内蒙古	0.528	0.996	0.995	0.993	0.993	0.968
辽宁	0.983	0.994	0.997	0.988	0.995	0.992
吉林	0.986	0.996	0.989	0.972	0.980	0.982
黑龙江	0.574	0.998	0.997	0.986	0.993	0.972
上海	0.000	0.000	0.000	0.000	0.000	0.000
江苏	0.957	0.979	0.989	0.991	0.985	0.983
浙江	0.901	0.955	0.962	0.956	0.959	0.953
安徽	0.993	0.996	0.997	0.995	0.997	0.996
福建	0.917	0.958	0.974	0.981	0.984	0.967
江西	0.981	0.990	0.994	0.996	0.997	0.993
山东	0.997	0.998	0.997	0.992	0.997	0.996
河南	0.996	0.998	0.998	0.997	0.996	0.997
湖北	0.988	0.994	0.997	0.997	0.997	0.996
湖南	0.991	0.996	0.997	0.998	0.999	0.997
广东	0.985	0.992	0.994	0.995	0.996	0.993
广西	0.990	0.994	0.997	0.997	0.997	0.995
海南	0.618	0.824	0.903	0.915	0.909	0.857
重庆	0.942	0.973	0.986	0.988	0.991	0.980
四川	0.997	0.999	0.999	0.999	0.999	0.999
贵州	0.985	0.993	0.994	0.996	0.998	0.994
云南	0.992	0.996	0.998	0.999	0.999	0.997
西藏	0.000	0.524	0.947	0.960	0.586	0.740
陕西	0.971	0.988	0.988	0.981	0.993	0.984
甘肃	0.973	0.984	0.985	0.984	0.996	0.984

续表

省份	2001 年	2005 年	2010 年	2015 年	2020 年	2001~2020 年平均值
青海	0.339	0.898	0.949	0.882	0.962	0.890
宁夏	0.465	0.000	0.000	0.000	0.837	0.130
新疆	0.000	0.991	0.994	0.987	0.992	0.937
平均值	0.745	0.836	0.856	0.853	0.874	0.848

3.3 本章小结

本章对我国畜牧业发展概况和资源环境约束特征进行了描述与统计分析，为开展资源环境与畜牧业协调关系研究奠定了基础。具体来看，主要开展了以下工作：一是面向高质量发展总结并梳理畜牧业发展成就、布局特征和关键约束，清晰呈现中国畜牧业发展态势；二是开展中国畜牧业资源环境约束的量化分析，重点分析土地、饲料粮、牧草及水资源的禀赋特征，基于产排污系数测算畜牧业污染强度。本章主要得出以下结论。

（1）改革开放以来的中国畜牧业取得长足发展，在生产规模、产品结构、生产方式及发展理念等方面成就明显，基本扭转了我国长期存在的动物蛋白供给不足、人民生活营养不良等问题，助力中国人民从"吃饱"的基础上提升到"吃好"，为健康中国贡献了重要产业力量。

（2）畜牧业经济活跃的地区主要分布在中东部，尤其是倾向集聚在耕地资源和粮食产量丰富的农业大省；食粮型动物产品主要分布在河北、辽宁、江苏、安徽、山东、河南、湖南、四川、云南等省份，而草食型动物产品则主要分布在北方牧区和冀鲁豫农区；全国肉蛋奶蛋白当量由 2001 年的 1381.41 万吨上升至 2020 年的 1893.77 万吨，且空间布局有向中西部转移的趋势。

（3）依据高质量发展的目标导向，中国畜牧业在畜禽良种、动物疫病、养殖技术、资源短缺、环境保护等方面存在明显约束,严重制约新发展阶段畜产品稳产保供与提质增效。

（4）耕地、牧草和水资源严重短缺,饲料粮总量相对丰富但结构性供给不足（主要是大豆）。具体来看,中国以美国75.38%的耕地养活了占美国5.70倍、2.76倍的生猪、家禽,玉米和大豆两类主要饲料粮自给率差距悬殊,牧草供给不足导致草产品和牛羊肉进口大幅增长,水资源时空分布不均激化水资源与畜牧业矛盾。

（5）2001~2020年,全国畜禽养殖污染强度指数由0.745增至0.874,畜牧业环境污染呈加剧趋势。其中,上海、北京、天津污染强度指数为0或趋向0,畜牧业环境友好特征明显;四川、云南、河南、湖南、山东、安徽、湖北等畜牧大省污染强度在研究期内的均值均超过0.995,畜牧业环境污染形势最为严峻;新疆、内蒙古、青海、西藏等牧区指数攀升明显,呈现环境恶化态势。

第4章

基于承载水平的畜牧业与资源环境协调性测度

本章采用承载均衡这一协调标准度量畜牧业与资源环境的协调水平,主要包括两方面内容:一是测算畜牧业资源环境承载水平,包括资源环境承载力和资源环境承载容量,在测算过程中首先基于层次分析法、熵值法构建指标体系并计算指标权重,然后以资源供给、环境消纳、社会支持三个系统建立三维状态空间模型测算承载力与承载容量;二是开展畜牧业生产与资源环境承载力协调关系及影响因素分析,基于协调度公式测算畜牧业生产与资源环境承载力的协调关系并通过全局 Moran's I 检验协调度的空间自相关性,在此基础上采用地理加权回归模型分析协调关系的驱动因素及空间异质性特征。

"自然—经济—社会"复合系统学说认为资源环境系统不仅包含对社会经济系统的支持能力,还涵盖人类价值选择、社会目标对资源环境的反馈影响,提出区域"自然—经济—社会"复合生态协调系统的观点,现有资源环境承载力研究已经把社会经济承载力作为一个重要的子系统(齐亚彬,2005)。基于现代资源环境承载力理论框架,本书把畜牧业资源环境承载力定义为"畜牧业生产所依赖的资源和环境系统能够支持、保障畜牧业可持续发展的能力和水平",其实质是资源环境系统对畜牧业生产的支撑能力和支持强度,具体表征为资源环境系统能够承载的畜禽容量。现代畜牧业发展无法脱离与人的联系,社会技术干预、环境干预是畜牧业资源环境系统的重要组成。畜牧业资源环境承载力是一个包含资源供给、环境消纳、社会支持三个子系统的复杂系统,各系统交互作用,共同决定畜牧业资源环境承载水平。其中,资源供给系统满足畜牧业生产的饲料粮、牧草等资源需求,环境消纳系统用以消纳、处理畜禽粪污、碳等排泄物,人类活动可以在不同层面和不同方向干预畜牧业生产技术和环境秩序,对承载力水平具有重要影响。因此,本书从畜牧业生产系统及其所依赖的资源环境系统出发,引入人类生产活动组成的社会支持系统,构建畜牧业资源环境承载系统结构(见图4-1)。

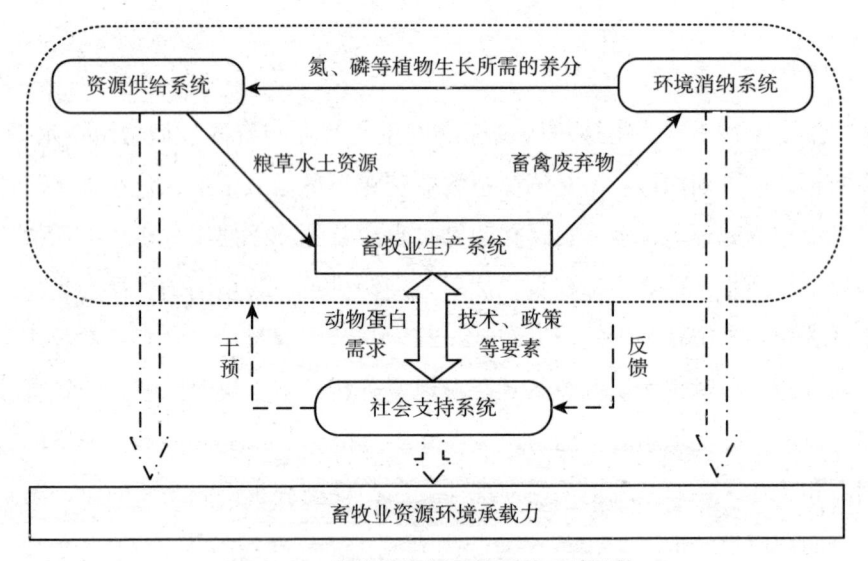

图 4-1 畜牧业资源环境承载系统结构

4.1 研究方法与数据来源

4.1.1 指标体系构建

坚持动物蛋白生产需求与资源环境特征相协调的原则,以肉蛋奶蛋白当量布局表征畜牧业生产空间布局,对蛋白当量产量和满足此产量的资源环境进行空间均衡分析。根据畜牧业资源环境承载力的内涵特征,构建涵盖资源供给、环境消纳、社会支持三个系统的评价指标体系(见表4-1),资源供给系统用以衡量区域粮、草、水资源产量或储量对畜牧业生产所需资源的支撑能力,环境消纳系统用以衡量区域土壤、水体、生态环境对畜禽粪污排泄物及生态足迹的消纳能力,社会支持系统用以衡量畜牧业技术进步、养殖污染处理能力增强等社会环境对畜牧业发展的支持能力。各指标权重综合熵值法和层次分析法(AHP)确定。

表4-1　　　　　　畜牧业资源环境承载力评价指标体系

评价目标	系统	指标	属性	熵值法	AHP	综合权重
畜牧业资源环境承载力	资源供给系统	1. 饲料粮保障能力	正向	0.088	0.165	0.126
		2. 草畜协调水平	正向	0.113	0.102	0.108
		3. 水资源供给水平	正向	0.100	0.083	0.091
	环境消纳系统	4. 土壤粪污负荷	负向	0.052	0.196	0.124
		5. 水体环境负荷	负向	0.094	0.073	0.083
		6. 生态环境负荷	负向	0.175	0.081	0.128
	社会支持系统	7. 畜牧业技术进步	正向	0.061	0.178	0.120
		8. 养殖污染处理能力	正向	0.317	0.122	0.220

注:各指标解释说明及计算过程见附录。

4.1.2 状态空间模型

状态空间是欧氏几何空间用于定量描述系统状态的一种有效方法,应用状态空间模型可定量测度、描述区域承载力与承载状态(毛汉英等,2001)。以资源供给系统、环境消纳系统、社会支持系统三个维度构建状态空间模型,分别测算理想和现实状态承载力值,进而得出资源环境承载力指数和资源环境承载容量。其中,理想承载力表示基于理想值测得的承载力水平,理想值是根据相关政策文件等资料所确定的适宜承载值,本指标1~6的理想值参照有关文献资料、国际标准和发展规划并基于资源环境供需平衡原则确定，指标 7、指标 8 的理想值则参照当年中国东部沿海发达地区的平均水平确定；实际承载力表示基于畜牧业资源环境承载力评价指标的现实值测得的承载水平，现实值即为相关指标的实际统计数值。简言之，理想承载力表示相对理想化的承载状态，可以作为判断现实承载力的衡量标尺。

1. 函数表达

构建由资源供给系统承载力（RSSCC）、环境消纳系统承载力（EASCC）、社会支持系统承载力（SSSCC）组成的畜牧业资源环境承载力（AHRECC）三维状态空间（见图 4-2）。

$$AHRECC = F(RSSCC，EASCC，SSSCC) \tag{4.1}$$

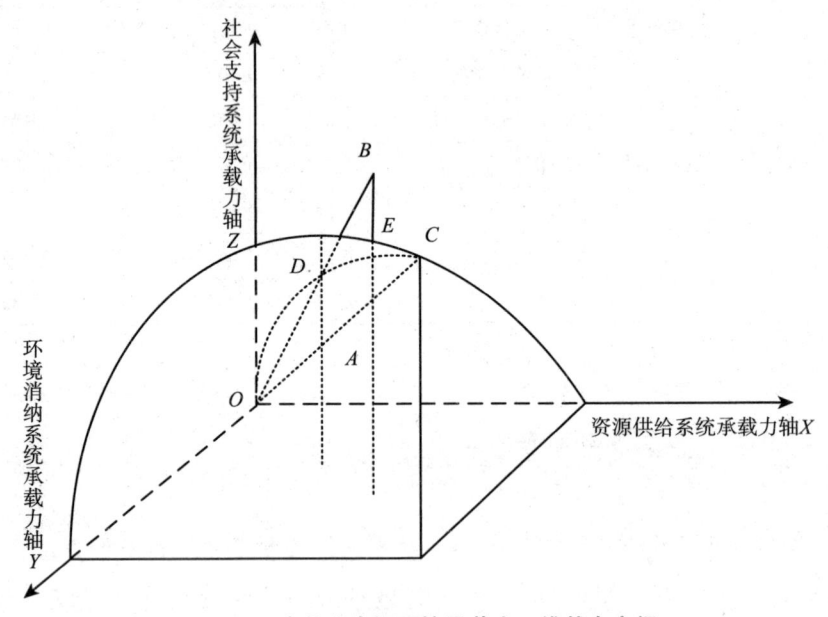

图 4-2 畜牧业资源环境承载力三维状态空间

2. 承载力数值量化

考虑状态轴权重情况下畜牧业资源环境理想和现实承载力分别为：

基于承载水平的畜牧业与资源环境协调性测度

$$AHRECC_{理想} = |M| = \sqrt{\sum_{i=1}^{n} w_i x_{i理想}^2} \qquad (4.2)$$

$$AHRECC_{现实} = |M| = \sqrt{\sum_{i=1}^{n} w_i x_{i现实}^2} \qquad (4.3)$$

其中，$|M|$ 为承载力矢量的模，w_i 为指标 i 的权重，x_i 为承载力在状态空间中的坐标值（$i=1, 2, \cdots, n$）。

3. 承载力状况判定

尽管前面的计算已经得出现实承载力值和理想承载力值，但不同年份的理想承载力有所变动，现实承载力值的增长并不代表实际承载状态的改善，如何判断承载力的实际大小缺乏一个具体、明确的参照。因此，有必要采用某种方法使得区际、年际承载力值具有可比性，毛汉英等（2001）把理想承载力与现实承载力的不吻合认定为一种偏差，并用矢量夹角公式测算两承载力夹角，使用现实承载力在理想承载力投影的方式测得实际状态的承载力。本书借鉴尚勇敏等（2019）的研究方法，采用畜牧业资源环境承载力指数（ω）判断畜牧业资源环境承载状态：

$$\omega = AHRECC_{理想} \ (opr) \ AHRECC_{现实} \qquad (4.4)$$

其中，（opr）为运算符及运算过程，可表示 $\omega > 1$、$\omega = 1$、$\omega < 1$ 时，向量 ω 相对理想承载力的所处状态。随着 ω 的扩大，承载力上升、承载状态改善。依据 ω，划分出 4 个畜牧业资源环境承载区间（见表 4-2）。

表 4-2　　畜牧业资源环境承载类型区间

承载类型区间	严重超载	轻度超载	濒临超载	完全可载
ω	$\omega \leq 0.9$	$0.9 < \omega \leq 1.0$	$1.0 < \omega \leq 1.1$	$\omega > 1.1$

4. 承载容量测算

承载容量是一个地区的资源环境条件所能支持的养殖规模，而实际养殖规模可能在承载容量上下浮动。由于折算猪当量会受到标准差异等因素影响，这里以动物产出的蛋白当量替代猪当量表示养殖规模问题。

$$CCA = APS - OVS = APS - (1-\omega) \times CCA \tag{4.5}$$

其中，CCA 为畜牧业资源环境承载容量（可载蛋白当量），APS 为实际蛋白当量产出规模，OVS 为畜牧业资源环境超载或盈余规模。整个测算过程如图 4-3 所示。

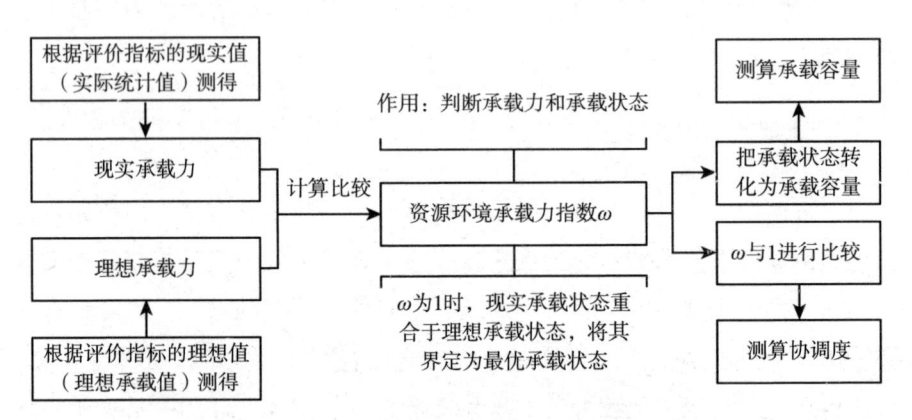

图 4-3 资源环境承载力与协调度测算过程

4.1.3 协调度测算方法

传统测算协调关系的方法多为耦合协调度模型，且已广泛被应用于社会科学领域评判系统耦合关系和协调程度，但这一方法在权重界定和经济释义等方面有较大争议（丛晓男，2019）。生态承载均衡是判断畜牧业生产与资源环境协调关系的重要依据，畜牧业资源环境承载力的测算过程已经考虑了畜牧业生产规模问题，畜牧业资源环境可载、超载等状态均是畜牧业生产与资源环境协调关系的表现，为进一步量化协调水平，本书以资源环境承载力指数为基础构建畜牧业生产与资源环境耦合协调关系指数，其原理为现实承载力值越接近理想承载力值，则畜牧业与资源环境越趋向协调。当资源环境承载力指数为 1 时，表现为最优承载状态。

$$\rho = 1 - |1 - \omega| \tag{4.6}$$

其中，ρ 为协调度，$\rho \in [0, 1]$，ρ 值越高，表明畜牧业与资源环境的关系越趋向协调；反之趋向失调。协调度划分标准见表 4-3。

表 4-3　　　　　　　　　　协调度度量标准及类型

项目	$0.00 \leq \rho \leq 0.80$	$0.80 < \rho \leq 0.90$	$0.90 < \rho \leq 0.95$	$0.95 < \rho \leq 1.00$
协调度类型	极不协调	低度协调	中度协调	高度协调

4.1.4　地理加权回归模型

区域经济发展水平等因素或对畜牧业生产与资源环境承载力的协调关系产生影响，但同一因素在不同地区可能会表现出差异化的影响效果（Su et al.，2017），为了考虑这种空间异质性问题，本书引入地理加权回归模型（GWR），在全局回归模型基础上对各参数进行局域回归估计，进一步分析参数在不同地区的非平稳性现象。GWR 模型结构（卢宾宾等，2020）为：

$$y_i = \beta_0(u_i, v_i) + \sum_k \beta_k(u_i, v_i) x_{ik} + \varepsilon_i \tag{4.7}$$

其中，y_i 为 i 点因变量值；(u_i, v_i) 为 i 点空间位置；$\beta_0(u_i, v_i)$ 为常数项；$\beta_k(u_i, v_i)$ 为变量 k 在 i 点的回归系数；x_{ik} 为解释变量；ε_i 为随机误差。

本书分析畜牧业与资源环境协调关系的影响因素，以协调度作为被解释变量，基于资源环境经济学、生态经济学和发展经济学的理论分析，初步从宏观经济、产业结构、人口特征、资源配置、技术进步、环境治理 6 个方面选取 11 个变量，应用 SPSS 对初始变量进行相关分析后，确定处理后的变量包括经济发展水平（GDP）、畜牧业集聚度（PRO）、耕地资源配置（ARL）、草地资源配置（GRC）、科技创新能力（TEC）、环境治理力度（ENG）6 项（见表 4-4）。由此，构建的 GWR 模型结构为：

$$y_i = \beta_0(u_i, v_i) + \beta_1(u_i, v_i) GDP_i + \beta_2(u_i, v_i) PRO_i + \beta_3(u_i, v_i) ARL_i + \beta_4(u_i, v_i) GRC_i + \beta_5(u_i, v_i) TEC_i + \beta_6(u_i, v_i) ENG_i + \varepsilon_i \tag{4.8}$$

表 4-4　　　　　　　　协调度影响因素的变量选择

变量类型	变量名称	衡量方式	符号
宏观经济	经济发展水平	人均 GDP	GDP
产业结构	畜牧业集聚度	畜牧业区位熵	PRO
资源配置	耕地资源配置	人均耕地面积	ARL
	草地资源配置	草地覆盖率	GRC
技术进步	科技创新能力	专利授权数	TEC
环境治理	区域环境治理力度	环境污染治理投资占 GDP 比重	ENG

4.1.5　研究数据来源

本章所用数据主要来源于官方统计年鉴和其他权威统计资料。其中，饲料粮产量、畜产品产量、畜牧业产值等数据来自《中国统计年鉴》《中国农村统计年鉴》，饲料粮转化率由《全国农产品成本收益资料汇编》中的耗粮数量、仔畜重、主产品产量等数据计算得到，可利用草地面积来自《中国草业统计》，畜禽存出栏数据来自《中国畜牧兽医年鉴》《中国农村统计年鉴》，作物生长养分需求参数、畜禽日排泄氮磷量、不同清粪及处理方式的氮磷收集（留存）率来自《土地承载力测算技术指南》，各类畜产品和饲料粮的全球平均生产力、畜产品贸易数据来自 FAO，畜产品的蛋白质含量代表值来自《中国食物成分表（第 6 版）》。

4.2　资源环境承载力与承载容量的时空特征

4.2.1　资源环境承载力

畜牧业资源环境承载力现实值小幅提升，资源环境系统对畜牧业生产的支撑能力有所增强（见图4-4）。全国方面，畜牧业资源环境现实承载力值由2001年的0.5638跌至2004年的0.5515后开始反弹，至2019年增至0.5851；分省来看，2019年有26个省份现实承载力值较2001年提升，北京、河北、广东升幅均超过20%，仅内蒙古、西藏、青海、宁夏、新疆等牧区承载力下滑。综合分析认为，连年粮食增产促进饲料粮保障能力改善、总体农作物生产规模扩张带动粪污消纳吸收空间扩大，促使中东部广大地带资源环境系统有能力支撑更大规模的畜牧业生产，但就西部牧区来看，草原生态系统恢复与增产慢于粮食生产，叠加超载放牧、技术滞后等因素使得牧区承载力衰退。截至2019年，承载力在全国平均水平以上的省份为12个，位居前列的北京、上海、西藏现实承载力均超过0.7，东北、西北地区承载力高于其他地区，说明这些区域单位畜产品生产可获得的资源环境要素具有数量优势，中东部地区承载力虽有提升但仍处低位，说明资源环境供给增速已超过需求增速，但现有畜牧业生产规模的资源环境供给能力仍处劣势。

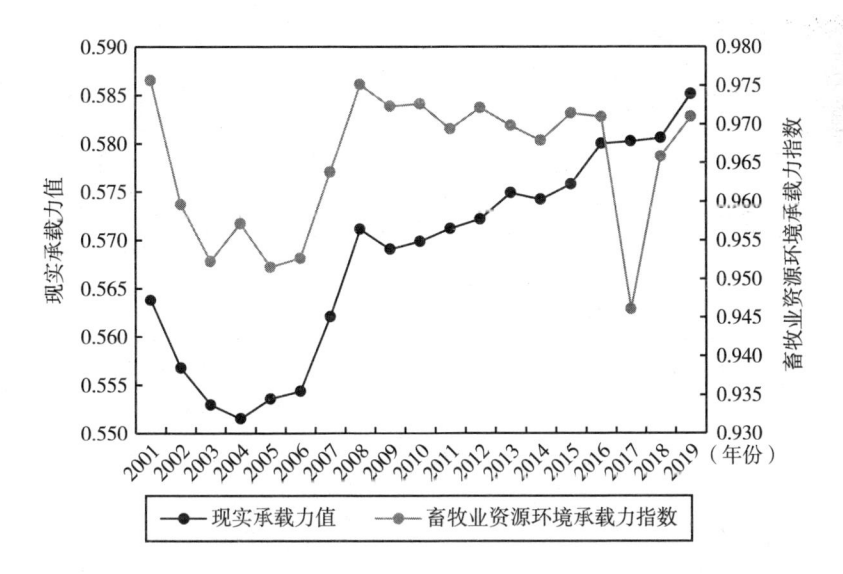

图4-4　2001~2019年中国畜牧业资源环境现实承载力值和承载力指数

畜牧业资源环境承载力指数为0.94~0.98，呈小幅振动，全国畜牧业一直处于轻度超载状态（见图4-4）。从总体变化来看，天津、内蒙古、山东、西藏、青海、宁夏、新疆承载力指数下降，且除天津、山东外的其他省份与现实承载力下降省份范围一致，而承载力指数升高的省份仍主要分布在中东部，尤其是北京、河北、福建、广东、广西承载力指数增幅均超过10%，这与承载能力提升、生产重心转移等因素密切相关。放眼整个研究期的平均水平，分别有5个、3个、15个、8个省份处完全可载、濒临超载、轻度超载、严重超载状态，仅有北京、天津、上海、西藏、宁夏长处完全可载区间，外加处于濒临超载区间的吉林、黑龙江、新疆，总可载省份数量仅占全国1/4左右。其中，吉林、黑龙江已由轻度超载转入濒临超载，福建、河南、广东已由严重超载转入轻度超载，这些省份种植业生产能力增强、畜禽生产规模变迁及环境治理能力的增强为改善承载状态发挥了重要作用。

总体来看，全国畜牧业资源环境承载力现实值缓慢提升，多数省份承载状态有向好发展趋势，但全国总体和3/4的省份仍处于资源环境超载状态，山东、河南、湖南等重要农牧大省依然处在严重超载阶段，资源环境承载状态显现出明显的区域异质性特征（见图4-5）。

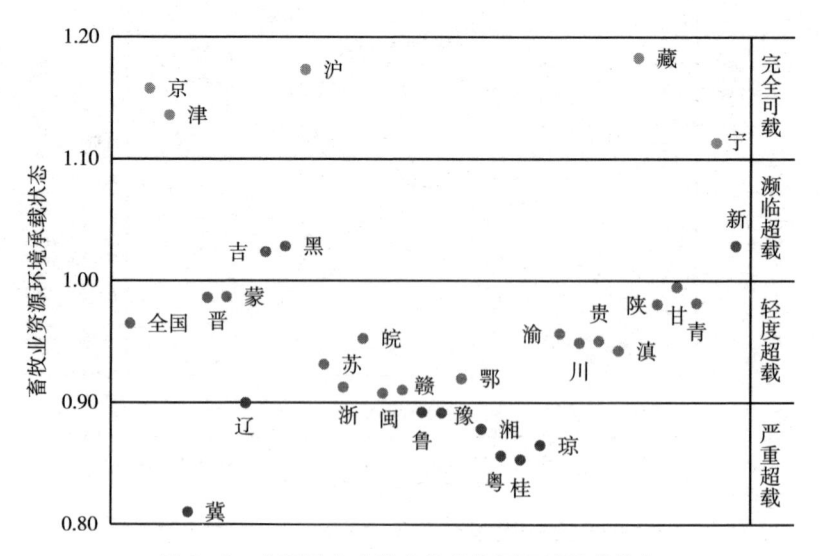

图4-5 全国及各省份畜牧业资源环境承载状态

注：横轴数据分布位置无意义，限于空间，各省份名称采用简称表示。

4.2.2 资源环境承载容量

在畜牧业资源环境现实承载力提升、多数省份资源环境承载状态改善的同时,畜牧业资源环境承载容量明显扩大(见表4-5)。总体来看,2017~2019年可承载蛋白当量平均规模达1845.81万吨,较研究期初三年承载容量扩大35.51%,对国民动物蛋白需求的供给能力增长1/3以上。尽管如此,2017~2019年动物蛋白平均产出规模为1917.96万吨,仍然超载生产72.15万吨。

表4-5　　　　　研究期前三年与后三年的平均承载容量及变动

地区	2001~2003年(万吨)	2017~2019年(万吨)	变动(%)	地区	2001~2003年(万吨)	2017~2019年(万吨)	变动(%)
全国	1334.29	1808.04	35.51	河南	120.51	151.67	25.86
北京	17.49	6.83	-60.93	湖北	55.61	82.42	48.21
天津	13.57	11.71	-13.70	湖南	73.85	85.61	15.92
河北	103.60	122.85	18.58	广东	52.68	71.91	36.50
山西	17.03	31.01	82.03	广西	34.78	64.83	86.39
内蒙古	36.84	73.84	100.45	海南	6.46	11.60	79.56
辽宁	60.15	98.72	64.13	重庆	27.21	32.45	19.24
吉林	48.48	64.32	32.66	四川	98.12	116.30	18.53
黑龙江	43.15	79.42	84.06	贵州	22.01	34.48	56.63
上海	14.54	4.33	-70.23	云南	37.18	69.99	88.27
江苏	77.11	74.84	-2.95	西藏	6.94	8.19	18.04
浙江	27.22	20.94	-23.05	陕西	21.47	29.12	35.62
安徽	64.72	88.57	36.84	甘肃	13.38	20.21	51.02
福建	25.35	49.26	94.35	青海	5.14	7.66	49.06
江西	33.31	53.87	61.71	宁夏	6.19	12.87	107.87
山东	143.62	187.98	30.89	新疆	26.58	40.24	51.38

分省份来看,仅北京、天津、上海、江苏、浙江承载容量缩小,其他

省份呈现不同程度的扩张。承载容量缩小主要来自城市化、工业化对经济结构的调节效应以及对农业生产空间的挤压效应,以北京为例,2019年农作物总播种面积较2001年缩减77.07%,粮食产量减少72.55%,尽管北京市畜牧业生产技术和畜禽粪污处理技术处全国领先地位,但发展畜牧业的资源环境约束已成为主要短板,承载容量势必缩小。与此同时,全国多数省份粮食产出能力持续增强、畜禽粪污处理空间有所扩大,在一定程度上可以容纳更大规模的畜禽生产需求。值得注意的是,北京等部分地区资源环境承载力升高,但承载容量缩减,需要对这种差异进一步做出说明:承载力的测度结果所反映的是相对资源环境需求规模的资源环境供给规模,是满足单位需求的供给水平,而承载容量与此不同,承载容量表示不考虑需求规模时区域资源环境的总体供给规模,表现为对畜禽生产的可载容量,因此就有可能同时出现相对需求的资源环境供给增加使得承载力升高、绝对资源环境供给总量缩减使得承载容量下降的现象。

4.3 畜牧业生产与资源环境承载力的时空协调关系

4.3.1 协调度分析

从全国平均水平来看,畜牧业与资源环境承载力的协调度在研究期内有明显升高(见图4-6),说明我国畜牧业发展趋向资源环境协调,这符合全国资源环境承载力提升、多数省份承载状态改善的事实。协调度最低值出现在2001年,最高值出现在2012年和2016年,总体呈现波动增长态势,特别是2006~2008年增幅最明显,此后长期在0.920上下小幅振动。2019年协调度较2001年增长3.67%,在研究期初的6年,除2004年外的其他年份均为低度协调,但2007年后协调度一直居0.910之上,维持中度协调状态。总体来看,我国畜牧业与资源环境具有协调发展趋势,但在近10年的协调度增长不明显,仍有较大的协调发展空间。

图 4-6　全国畜牧业生产与资源环境承载力的协调度

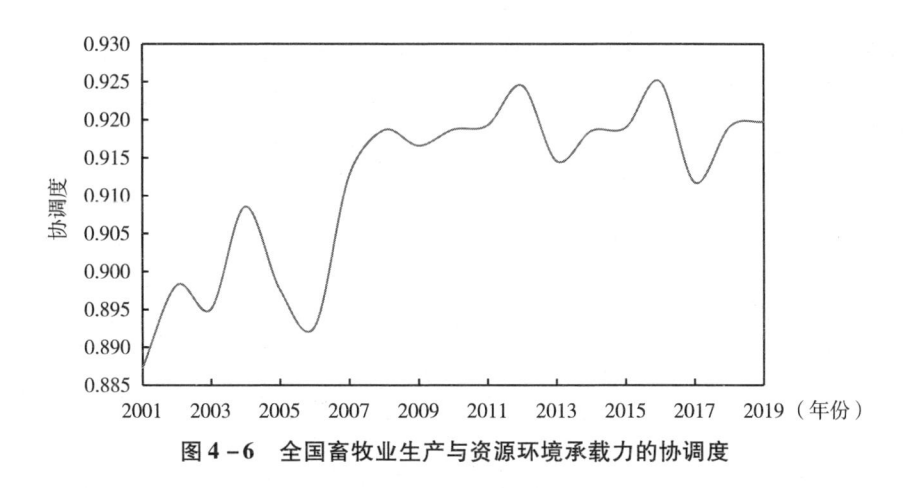

分省来看，多数省份承载状态好转的同时，畜牧业生产与资源环境的协调度也在上升。仅有北京、天津、吉林、黑龙江、上海 5 个省份协调度明显下降，分析发现这些省份的承载力指数均有一定提升，现实承载力值超过理想值且两者差距拉大，从而导致协调度降低。其他省份协调度成不同程度改善，尤以西藏、河北改善效果最明显，但两省份改善诱因相反，西藏源于从承载大幅盈余趋向接近承载饱和，河北则源于超载强度趋缓，使得两者都在逐步接近最优承载状态。由 2017～2019 年平均承载力可看出，分别有 9 个、13 个省份处于高度、中度协调状态，中高协调总比重较研究期初 3 年提高 9.68 个百分点，协调度较高的地区主要分布在北方尤其是新疆、甘肃等西北地区，说明这些地区畜禽生产规模和资源环境供给规模匹配程度较好，协调度最低的地区主要为北京、上海、天津等经济发达地区及湖南、山东、河南等农牧大省。经济发达地区的畜牧业资源环境失调主要受当地趋紧的环保政策和第三产业为主的经济结构影响，畜牧业发展空间受到政策等因素的多方限制，而农牧大省的不协调主要来自畜牧业生产规模超载，资源环境系统无力满足畜牧业发展需求，不同地区的协调因素和不协调来源具有明显差异。

4.3.2　空间自相关分析

研究发现，尽管各地区畜牧业与资源环境协调度水平有明显差异，但总会显露出区域性协调度接近的现象，如云贵川、陕甘宁青、黑吉辽等区域内协调度差异较小。畜牧业生产规模具有区域集聚特征，资源环境条件也具备在一定范围内接近的特点，两者共同作用形成的畜牧业与资源环境协调度是否存在空间关联？为此，本书采用全局 Moran's I 测算协调度的空间自相关性，检验结果见表4-6。测算发现，畜牧业生产与区域资源环境协调度的空间相关性呈现"由强变弱"的趋势。2001~2019 年 Moran's I>0 且在5%的水平上通过了显著性检验，说明这一时期我国畜牧业生产与资源环境承载力具有明显的空间正相关关系。值得注意的是，研究期内的 Moran's I 有下降趋势，从2001年的0.146降至2019年的0.082，说明协调度的空间相关性逐步走弱。

表4-6　　　畜牧业生产与资源环境协调度的全局 Moran's I 值

年份	Moran's I	Z值	P值	年份	Moran's I	Z值	P值
2001	0.146	2.541	0.016	2011	0.136	2.737	0.018
2002	0.099	2.012	0.038	2012	0.134	2.719	0.018
2003	0.100	1.965	0.040	2013	0.119	2.475	0.018
2004	0.142	2.675	0.014	2014	0.116	2.435	0.020
2005	0.132	2.559	0.016	2015	0.105	2.250	0.028
2006	0.125	2.466	0.016	2016	0.094	2.081	0.040
2007	0.148	2.842	0.014	2017	0.133	2.760	0.014
2008	0.139	2.730	0.012	2018	0.121	2.497	0.022
2009	0.135	2.657	0.016	2019	0.082	1.857	0.044
2010	0.139	2.737	0.016				

对协调度的空间相关性及变化趋势分析发现，空间相关性主要来自一定地理范围资源环境组成、结构和空间分布的相似性，同时也受趋近的社会经济发展条件等因素影响，这是导致区域畜牧业生产与资源环境承载协调度空间自相关的主要原因。然而，畜牧业生产具有强资源禀赋导向性到强市场经济导向性转变的特征，现代畜牧业通过资源调配等方式日益摆脱原有的资源环境条件约束，这就使得一个省份的畜牧业生产规模不再服从

本省份的资源条件，即使距离相近、条件相似的省份在畜牧业生产方面也可能具有较大差距，所带来的畜牧业与资源环境协调度差异随之变大，空间自相关性逐步走弱。但总体来看，资源导向型畜牧业并未完全转型市场导向型畜牧业，畜牧业生产兼具资源、市场导向特征，当前全国范围的协调度仍具有一定空间自相关性。

4.4 协调关系的影响因素分析

分别对2001年、2005年、2010年、2015年和2019年畜牧业布局与资源环境承载力协调关系的影响因素进行地理加权回归分析，AIC值和调整后的拟合系数总体优于 OLS 模型（见表4-7）。

表4-7　　中国畜牧业生产与资源环境承载力协调发展 GWR 模型结果

年份	残差平方和	有效参数量	σ	AIC 值	R^2	调整 R^2
2001	0.0959	12.1249	0.0713	-53.4186	0.6491	0.4423
2005	0.0783	12.1327	0.0644	-59.7799	0.4528	0.1299
2010	0.0410	11.9001	0.0463	-80.6521	0.5239	0.2522
2015	0.0338	12.0512	0.0422	-85.6431	0.5794	0.3342
2019	0.0492	12.3327	0.0514	-72.4904	0.5559	0.2863

各因素对畜牧业布局与资源环境承载力协调度具有正向或负向影响，表明影响效果不稳定性与空间异质性明显。表4-8中系数均值可以说明各变量对协调度的平均影响程度，在影响效果比较显著的4个自变量中，总体呈现为耕地资源配置＞畜牧业集聚度＞环境治理力度＞草地资源配置。其一，畜牧业集聚度在整个研究期内发挥负向影响，说明畜牧业专业化水平偏高和区域集聚特征明显的地区协调度更易遭受破坏，同时，东部地区更密集的畜牧业生产活动对协调关系的负面影响程度明显提升，并已成为全国恶化协调效果最显著的地区；其二，耕地资源配置是影响协调度的首要因素，且在时间上由影响方向不稳定发展为强度递增、方向趋稳，在空

间上由西南至东北系数提高，说明山地比重偏高区域耕地资源的协调贡献更加明显，优化耕地与畜牧业空间匹配是增进畜牧业与资源环境协调发展的关键；其三，环境治理力度的影响程度有超越畜牧业集聚度的趋势，并由正向影响效果转向负向影响，表明当前的环境治理方式并没有统筹考虑畜牧业生产与资源环境的协调关系，特别是环保"一刀切"等政策导致畜牧业与资源环境关系失调，环境治理方式与协调发展的理念背道而驰；其四，草地资源配置对协调度的影响程度比较微弱、影响方向差异明显，这一方面受全国草牧业发展滞后影响，另一方面也有草地资源丰富牧区超载倾向的作用。

表4-8　　　　　　　　GWR模型回归系数统计描述

年份	变量	均值	最小值	中位数	最大值	标准差
2001	intercept	1.0471	0.9926	1.0244	1.2222	0.0532
	PRO	-0.0949	-0.2568	-0.0771	-0.0598	0.0431
	ARL	0.1331	-0.5191	0.2360	0.2556	0.2092
	GRC	-0.0004	-0.0009	-0.0008	0.0062	0.0013
	ENG	0.0241	0.0148	0.0174	0.0620	0.0129
2010	intercept	1.0282	0.9926	1.0294	1.0549	0.0158
	PRO	-0.0336	-0.0501	-0.0346	-0.0075	0.0090
	ARL	0.3555	0.1571	0.3744	0.4663	0.0826
	GRC	-0.0005	-0.0007	-0.0005	-0.0002	0.0001
	ENG	-0.0140	-0.0196	-0.0156	0.0099	0.0057
2019	intercept	1.0455	0.9951	1.0454	1.0847	0.0243
	PRO	-0.0262	-0.0461	-0.0377	0.0396	0.0236
	ARL	0.4309	0.2190	0.4078	0.6605	0.1356
	GRC	-0.0006	-0.0033	-0.0006	0.0017	0.0014
	ENG	-0.0310	-0.0455	-0.0278	-0.0169	0.0081

总体来看，影响我国畜牧业布局与资源环境承载力协调关系的主要因素是耕地资源配置和畜牧业集聚度，且影响程度远大于草地资源配置等其他变量，这与我国食粮型畜牧业为主的结构特征相吻合。耕地资源是畜牧

业发展的决定因素，它不仅为畜牧业生产提供必要的饲料粮等资源支撑，也可以消纳畜禽粪污等多种废弃物，关注畜牧业耕地资源保障属性和优化畜牧业生产空间布局对增进协调关系具有关键性影响。

4.5 本章小结

本章以生态承载均衡为切入点探讨基于承载水平的畜牧业与资源环境协调关系，主要开展了以下工作：一是构建资源环境承载力指标体系并基于状态空间模型测度畜牧业资源环境承载力和承载容量，在承载力方面分别测算了理想承载力、现实承载力以及资源环境承载力指数，在承载容量方面分别计算并比较了资源环境承载容量以及畜牧业养殖量；二是采用协调度公式、全局 Moran's I、GWR 模型先后测度畜牧业生产与资源环境的协调关系、协调度的空间自相关性以及协调度的影响因素。本章主要得出以下结论。

（1）全国畜牧业资源环境承载力现实值小幅增长，多数省份超载状态有一定改善，总体承载力现实值由 2001 年的 0.5638 增至 2019 年的 0.5851，资源环境对畜牧业的承载能力有增强趋势。但全国总体承载状态没有得到明显改善，3/4 的省份仍表现为资源环境超载，尤其是山东、河南、河北等重要农牧大省资源环境超载相对严重，西部未超载牧区的承载力指数也有下降。

（2）对应资源环境承载力现实值的升高，畜牧业资源环境承载容量也在扩大。2017～2019 年可承载蛋白当量平均规模较 2001～2003 年扩大 35.51% 达到 1845.81 万吨，但依然超载产出动物蛋白 72.15 万吨。全国多数省份承载容量扩大的同时，也有北京等少数区域承载容量缩小，并呈现"承载力提升、承载容量缩小"的现象。

（3）承载力提升拉近实际承载状态与最优承载状态的距离，全国平均协调度已稳定在 0.920 上下，畜牧业与资源环境由低度协调提升并稳定于中度协调水平。此外，畜牧业生产与资源环境的协调度具有空间自相关性，但 Moran's I 从 2001 年的 0.146 降至 2019 年的 0.082，说明空间相关性正在走弱。

（4）各变量对协调度的影响具有时空非平稳性特征，耕地资源配置和畜牧业集聚度对协调水平影响最明显，但两者作用方向相反、作用强度差异较大，耕地资源配置对协调度发挥日益增强的正向作用，畜牧业集聚度则表现出弱化的负向影响。

第5章

政府规制对畜牧业与资源环境协调发展的影响

前文的研究已经从承载水平的视角初步评判了畜牧业与资源环境的协调关系及影响因素,但从畜牧业发展更宏观的角度来看,政府政策往往能够较为直接地干预畜牧业生产规模和发展模式,进而影响到畜牧业与资源环境的作用关系。为此,本章将从政策视角解析这一问题。从国内来看,政府规制对畜牧业与资源环境协调发展具有重要影响,但政府规制无法直接干预协调水平,而是通过影响养殖企业生产决策间接干预协调关系。本书界定的第二项协调标准认为,资源、环境、畜牧业应当形成闭合的物质循环系统,这就要求养殖企业通过种养结合、循环农业等方式发展绿色畜牧业,意味着协调发展水平与企业生产决策密切相关。因此,本章将借助地方政府与养殖企业的演化博弈探究政府规制对养殖企业生产决策的影响,重点分析静态奖惩机制、动态奖惩机制等不同政府规制手段作用下的企业决策选择,以此为支撑阐述政府规制对畜牧业与资源环境协调发展的影响。

为破解社会经济发展与资源环境供给的矛盾,政府常采用排污费、环保税等环境政策对企业生产行为施加约束,政府规制措施往往对社会经济及产业部门的绿色发展水平具有重要影响。王等(Wang et al.,2019)采用扩展的 SBM-DDF 方法实证研究了 OECD 国家政府环境规制对绿色生产率增长的影响，发现波特假说在一定条件下的环境政策对绿色发展有显著正向影响；滕等（Teng et al.，2016）采用系统动力学方法构建绿色建筑生态环境模型，通过模拟政策调整发现绿色建筑发展政策能够使城市环境质量获得最经济的改善；罗马诺等（Romano et al.，2017）从发展中国家、发达国家所处发展阶段的角度解释绿色发展政策的有效性，结果表明不同经济发展水平的国家应适用不同的绿色发展政策，发展中国家应加强政府的直接干预，发达国家则应更加关注社会公共干预；傅京燕等（2018）采用双重差分法和双重差分倾向性得分匹配法检验中国二氧化硫排污权交易对绿色发展的影响，认为市场化机制对绿色发展有显著的促进作用。综合来看，现有关于环保或绿色发展政策的研究主要包括两类：一是构建多维的政策评估框架，这在能源政策与能源效率（Mundaca et al.，2009）、环境政策与污水处理（Mickwitz，2003）等领域都有应用；二是基于计量经济模型开展政策实施后的效果评价，这既包括一些学者采用 DID 评价环境政策绩效（Chen et al.，2021；Zhou et al.，2021；Ling et al.，2020），也包括部分学者通过测算生产率或构建其他数理模型检验环境政策成效（陆菁等，2021；李毅等，2020；Winfield et al.，2014；Midilli et al.，2006；Wüstenhagen et al.，2006）。

演化博弈是在有限理性和不完全信息前提下研究博弈主体决策和均衡的经济学方法，广泛应用于制度研究和行为决策研究（Amaral et al.，2021；Chica et al.，2021）。近年来，演化博弈方法在环境领域的研究明显增多，陈等（Chen et al.，2018）基于不同碳税和补贴情景构建政府与制造商的演化博弈模型，认为征收碳税相比补贴低碳技术更有助于制造业低碳发展；吉等（Ji et al.，2019）通过构建地方政府与汽车制造商的演化博弈模型，实证检验了新能源汽车补贴政策取消对汽车产业发展和政府决策的影响；康等（Kang et al.，2019）针对供应链企业低碳策略问题构建演化博弈模型，认为政府应当通过控制碳交易价格减少碳排放。面对日益突出的全球环境问题，演化博弈已成为学者探究不同利益主体环境策略的有力工具（Gao et al.，2019；Jiang et al.，2019），这一方法为破解畜牧业领域的资源环境问题、优化相关主体应对环境问题的行为决策提供了重要参考。当前，中国正处于以政策优化和政府规制促进绿色发展的重要时期，地方政府与排污企业出于不同的利益偏好具有多样化的策略博弈（骆海燕等，2020；焦建玲等，2017；潘峰等，2015），随着畜牧业发展与资源环境矛盾的加剧，政企双方就畜牧业发展方式的决策选择尤为重要。

现有研究强调推动畜牧业绿色发展但忽视政策效果评价，缺乏对地方政府与养殖企业之间决策行为相互作用的具体关注。为解决上述不足，本章基于演化博弈理论构建地方政府与养殖企业的演化博弈模型，探讨博弈双方的演化决策过程和稳定策略。这一研究区分了常规环保政策和环保政策趋严两种情形，认为高压环保政策将迫使地方政府更加关注监管效果，依据养殖企业的发展状态实施灵活的奖惩措施，即化静态奖惩机制为动态奖惩机制。在此基础上，本书认为政府规制是干预畜牧业与资源环境协调发展水平的重要手段，且其主要干预机理表现在政府规制影响畜牧业发展方式，进而影响畜牧业与资源环境的协调关系（见图5-1）。本章的主要贡献如下：一是明确"政府规制—畜牧业生产方式—协调关系"作用机制，构建涵盖地方政府和养殖企业两个主体的演化博弈模型；二是通过静态和动态奖惩机制揭示环保政策趋严对畜牧业与资源环境协调发展的影响；三是结合仿真数据分析环保税率、额外收益、罚款下限、奖励上限等关键参数对博弈双方的影响，并提出优化方向。

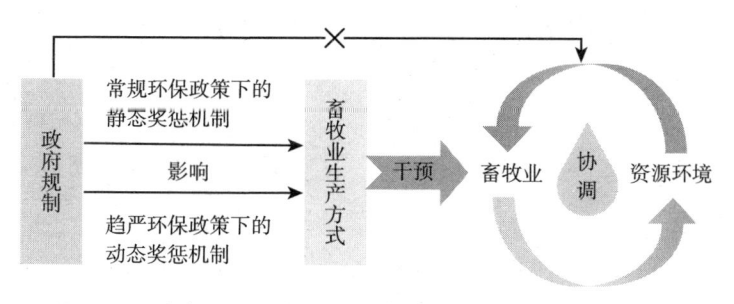

图5-1 政府规制影响畜牧业与资源环境协调关系的作用机理

5.1 畜牧业环保政策演变

伴随工业化与城市化进程推进，中国传统农耕文明所决定的种养结合生产模式逐步瓦解，取而代之的是集约化、规模化现代畜牧业，忽视资源环境承载力的畜牧业快速扩张对区域资源供给能力、环境消纳能力、生态修复能力带来严峻挑战（陈伟生等，2019；熊学振等，2021）。为应对日益突出的畜牧业资源环境问题，中国政府逐步加强农业面源污染治理、畜禽粪污资源化利用等工作（Li et al., 2021；武淑霞等，2018）。如图 5-2 所示，总体来看，中国畜牧业环保政策主要历经三个阶段的演变：第一阶段为 2001~2013 年，政策重点在于养殖污染防控，政策举措包括颁布《畜禽养殖业污染物排放标准（GB 18596—2001）》《畜禽养殖污染防治管理办法》，旨在破解废渣、污水、恶臭对环境及人体的危害；第二阶段为 2014~2016 年，政策重点从单纯的污染防控向资源化利用转型，鼓励和支持畜禽粪污肥料化、燃料化就地利用，并从法律角度为养殖污染防治提供依据；第三阶段为 2017 年至今，养殖环保政策空前严格，环保约束对象从

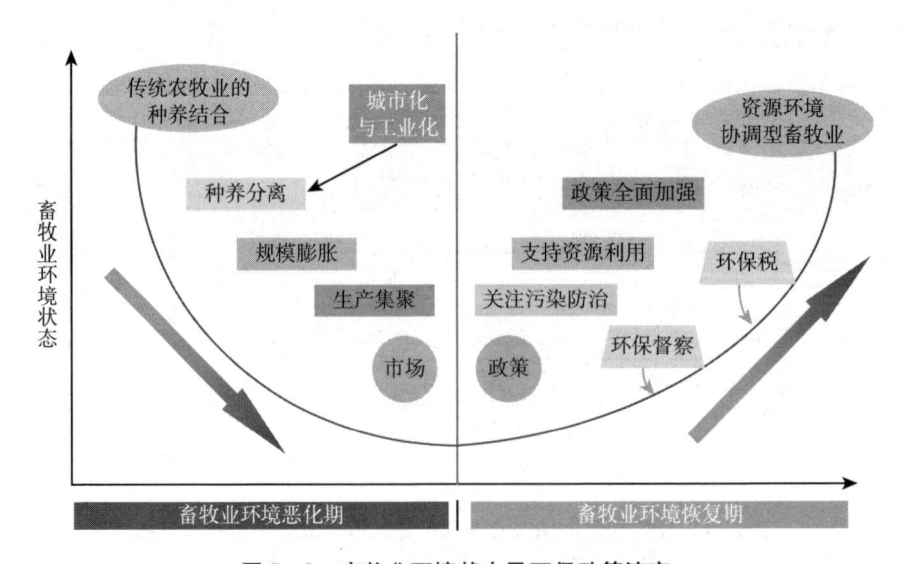

图 5-2　畜牧业环境状态及环保政策演变

规模场扩展至全部养殖企业，特别是环保督察机制迫使大批养殖场关停禁养或限期整改，实施《畜禽粪污资源化利用行动方案（2017—2020年）》《全国畜禽粪污资源化利用整县推进项目工作方案（2018—2020年）》，从根本上推动畜牧业绿色和循环发展进程。2018年，《中华人民共和国环境保护税法》颁布，对应税污染物排放量及具体情形作出明确规定，促进排污企业重新内化污染外部性（Hu et al.，2020；叶金珍等，2017），推动养殖企业加快调整养殖模式。

5.2 地方政府与养殖企业的演化博弈模型

本节将构建地方政府与养殖企业的演化博弈模型，探讨常规环保约束下博弈双方的决策过程与稳定策略，并根据弗里德曼（Friedman，1991）提出的方法推导系统稳定性条件。

5.2.1 模型假设

地方政府是辖区内环境监管的主体，是区域环境质量的主要负责人。根据《畜禽规模养殖污染防治条例》，"县级以上人民政府环境保护主管部门负责畜禽养殖污染防治的统一监督管理"。因此，博弈参与方为地方政府和养殖企业（包括牧场、畜牧公司等各类规模化养殖主体）。以下列条件为假设构建演化博弈模型：

（1）博弈参与方不能准确和完全掌握对方决策及市场信息，无法及时作出准确判断以获取最优利益。即认为博弈参与方表现为有限理性，能够通过学习和适应环境变化调整决策。

（2）地方政府面临放松监管、加强监管两种决策；养殖企业面临维持现状、绿色发展两种决策（见图5-3）。

```
                              ┌─ 维持现状 ─┬─ 地方政府收益
              ┌─ 养殖企业 ─┤          └─ 养殖单位收益
              │             └─ 绿色发展 ─┬─ 地方政府收益
   放松监管 ─┤                          └─ 养殖单位收益
地方政府 ─┤
   加强监管 ─┤             ┌─ 维持现状 ─┬─ 地方政府收益
              │             │          └─ 养殖单位收益
              └─ 养殖企业 ─┤
                            └─ 绿色发展 ─┬─ 地方政府收益
                                         └─ 养殖单位收益
```

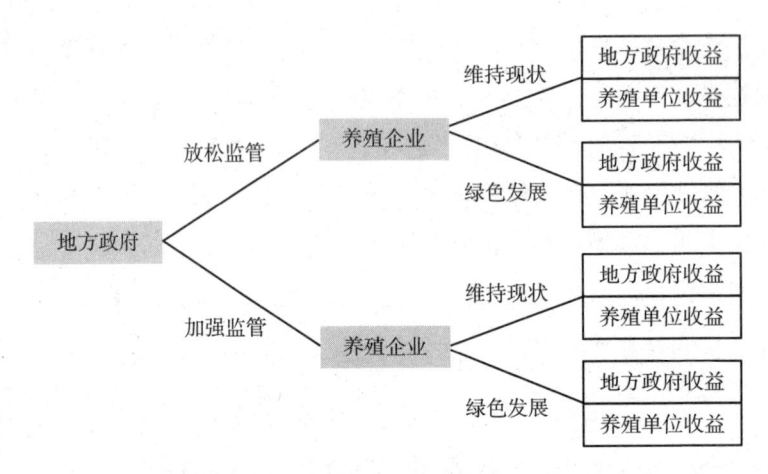

图 5-3 地方政府与养殖企业的博弈树

（3）绿色发展将增加企业的养殖成本，同时产生额外收益和正外部性；加强监管将增加政府监管成本，同时增加罚金收入和补贴支出。

（4）随着全国环保政策趋严，地方政府把静态奖惩机制调整为动态奖惩机制。

5.2.2 模型描述

基于上述假设，构建地方政府与养殖企业的演化博弈模型，地方政府与养殖企业的策略空间分别为 $S_G=\{$加强监管，放松监管$\}$ 和 $S_A=\{$绿色发展，维持现状$\}$。

为鼓励畜牧业绿色发展，地方政府为绿色养殖企业提供补贴 S 支持修建粪污处理设施，对维持现状的污染型企业征收罚金 F 及环保税 ηQ，环保税规模与污染物排放当量 Q 正相关，税率 η 依照《中华人民共和国环境保护税法》实施。养殖企业实施绿色发展策略有助于降低 CO_2、COD 等污染物排放，为当地带来环境质量改善等正外部性；相反，养殖企业实施维持现状策略将恶化当地生态环境质量，造成资源环境破坏等负外部性。养殖企业的两种策略对应不同水平的生产成本与税前利润，这主要源于采用清洁能源、拓展治污环节、加大环境管控造成的成本上涨，同时，绿色转型也能够为企业带来绿色产品增值及社会认可等额外收益。

对地方政府而言，实施放松监管策略和加强监管策略具有较大成本差异，选择放松监管策略时政府面临更高的时间成本和更低的人力成本、经济成本，选择加强监管策略时则面临更高的人力、物力、财力成本和更低的时间成本。环保政策实施效果依赖地方政府的策略选择，当地方政府实施放松监管策略时意味着相对宽松的惩罚环境，无论养殖企业是否转型绿色发展都无法获得补贴或处罚，同时，地方政府可避免相应的补贴开支和罚金收入。需要注意的是，无论政府选择何种策略，养殖企业的生产模式对区域环境的正负影响都将客观存在。

博弈双方的收益支付矩阵及相关符号的解释说明分别见表5-1和表5-2。

表5-1　　　　　　地方政府和养殖企业的收入支付矩阵

项目	养殖企业绿色发展	养殖企业维持现状
地方政府加强监管	$R_4 - S - C_2$	$\eta Q + F - C_2 - C_3$
	$R_2 + R_3 + S$	$R_1 - \eta Q - F$
地方政府放松监管	$R_4 - C_1$	$\eta Q - C_1 - C_3$
	$R_2 + R_3$	$R_1 - \eta Q$

表5-2　　　　　　　　　主要符号解释说明

符号	解释
C_1	地方政府放松监管时的环境规制成本（涵盖养殖业转型的时间成本）
C_2	地方政府加强监管时的环境规制成本（以监管工作实施的人力成本为主）
C_3	养殖企业维持现状对当地造成的社会损失等负外部性
R_1	养殖企业维持现状时的税前利润
R_2	养殖企业绿色发展时的税前利润
R_3	养殖企业绿色发展时的额外收益
R_4	养殖企业绿色发展为当地带来的环境福利等正外部性
S	地方政府加强监管时为绿色养殖企业提供的财政补贴
F	地方政府加强监管时对污染养殖企业征收的行政罚金
Q	养殖企业的污染物排放当量

续表

符号	解释
η	环保税率
x	养殖企业绿色发展概率
y	地方政府加强监管概率
K	罚款下限
V	补贴上限
ESS	演化稳定策略
Δ_A	放松监管时,养殖企业维持现状策略与绿色发展策略的收益差额
Δ_B	加强监管时,养殖企业维持现状策略与绿色发展策略的收益差额
Δ_C	维持现状时,地方政府加强监管策略与放松监管策略的收益差额
Δ_D	绿色发展时,地方政府加强监管策略与放松监管策略的收益差额

5.2.3 地方政府与养殖主体的演化博弈

1. 养殖企业的演化博弈策略

当养殖企业选择绿色发展策略时,其预期效用如下:

$$U_{B1} = y(R_2 + R_3 + S) + (1-y)(R_2 + R_3) \tag{5.1}$$

当养殖企业选择维持现状策略时,其预期效用如下:

$$U_{B2} = y(R_1 - \eta Q - F) + (1-y)(R_1 - \eta Q) \tag{5.2}$$

由此得到养殖企业选择两种策略的平均预期效用为:

$$U_B = xU_{B1} + (1-x)U_{B2} = x(R_2 + R_3 + yS) + (1-x)(R_1 - \eta Q - yF) \tag{5.3}$$

复制动态方程为:

$$F(x) = \frac{\mathrm{d}x}{\mathrm{d}t} = x(1-x)(R_2 + R_3 + yS + \eta Q + yF - R_1) \tag{5.4}$$

$F(x)$ 的一阶导数为:

$$F'(x) = \frac{\mathrm{d}F(x)}{\mathrm{d}x} = (1-2x)(R_2 + R_3 + yS + \eta Q + yF - R_1) \tag{5.5}$$

令 $F(x) = 0$,得到 $x = 0$, $x = 1$, $y^* = (R_1 - R_2 - R_3 - \eta Q)/(F + S)$。

根据稳定性理论，当 $F(x)=0$ 且 $F'(x)\leqslant 0$ 时，x 为 ESS。因此，若 $y^{*}=(R_1-R_2-R_3-\eta Q)/(F+S)$，不论 x 取任意值，$F(x)=0$ 且 $F'(x)=0$，即 x 为稳定状态，此时养殖企业的任意生产决策都属于稳定策略；若 $y^{*}\neq(R_1-R_2-R_3-\eta Q)/(F+S)$，则需要分析 $R_1-R_2-R_3-\eta Q$ 的不同情形。

情形 5.1：若 $\Delta_A<0$，$\Delta_B<0$，则有 $y^{*}>(R_1-R_2-R_3-\eta Q)/(F+S)$，此时 $F'(x)|_{x=0}>0$，$F'(x)|_{x=1}<0$，$x=1$ 是唯一的 ESS。表明养殖企业采取绿色发展策略。情形 5.1 的经济含义为：对养殖企业而言，无论政府加强监管或放松监管，绿色发展的收益水平总高于维持现状的收益水平，养殖企业倾向于绿色发展策略。

情形 5.2：若 $\Delta_A>0$，$\Delta_B<0$，即 $0<R_1-R_2-R_3-\eta Q<F+S$，则需要区分两种状态。当 $y^{*}>(R_1-R_2-R_3-\eta Q)/(F+S)$ 时，$F'(x)|_{x=0}>0$，$F'(x)|_{x=1}<0$，$x=1$ 是唯一的 ESS；当 $y^{*}<(R_1-R_2-R_3-\eta Q)/(F+S)$ 时，$F'(x)|_{x=0}<0$，$F'(x)|_{x=1}>0$，$x=0$ 是唯一的 ESS。情形 5.2 的经济含义为：如果地方政府加强监管，养殖企业绿色发展的收益水平高于维持现状时的收益水平；如果地方政府放松监管，养殖企业维持现状时的收益水平高于绿色发展时的收益水平。

情形 5.3：若 $\Delta_A>0$，$\Delta_B>0$，则有 $y^{*}<(R_1-R_2-R_3-\eta Q)/(F+S)$，此时 $F'(x)|_{x=0}<0$，$F'(x)|_{x=1}>0$，$x=0$ 是唯一的 ESS。情形 5.3 的经济含义为：对养殖企业而言，无论政府加强监管或放松监管，维持现状的收益水平总高于绿色发展的收益水平，即养殖企业倾向采用维持现状策略。

2. 地方政府的演化博弈策略

当地方政府选择加强监管策略时，预期效用如下：

$$U_{G1}=x(R_4-S-C_2)+(1-x)(\eta Q+F-C_2-C_3) \tag{5.6}$$

当地方政府选择放松监管策略时，预期效用如下：

$$U_{G2}=x(R_4-C_1)+(1-x)(\eta Q-C_1-C_3) \tag{5.7}$$

由此得到地方政府的平均预期效用为：

$$U_G = yU_{G1} + (1-y)U_{G2}$$
$$= y[x(R_4 + C_3 - \eta Q - S - F) + \eta Q + F - C_2 - C_3]$$
$$+ (1-y)[x(R_4 + C_3 - \eta Q) + \eta Q - C_1 - C_3] \quad (5.8)$$

复制动态方程为：

$$F(y) = \frac{dy}{dt} = y(1-y)(C_1 + F - C_2 - xF - xS) \quad (5.9)$$

$F(y)$ 的一阶导数为：

$$F'(y) = \frac{dF(y)}{dy} = (1-2y)(C_1 + F - C_2 - xF - xS) \quad (5.10)$$

令 $F(y) = 0$，得到 $y = 0$，$y = 1$，$x^* = (C_1 + F - C_2)/(F + S)$。根据稳定性理论，当 $F(y) = 0$ 且 $F'(y) \leq 0$ 时，y 为 ESS。因此：

若 $x^* = (C_1 + F - C_2)/(F + S)$，无论 y 取任意值，$F(y) = 0$ 且 $F'(y) = 0$，即 y 为稳定状态，此时养殖企业的任意监管方式都属于稳定策略；若 $x^* \neq (C_1 + F - C_2)/(F + S)$，则需要分析 $C_1 + F - C_2$ 的不同情形：

情形 5.4：若 $\Delta_C < 0$，$\Delta_D < 0$，则有 $x^* > (C_1 + F - C_2)/(F + S)$，可以发现 $F'(y)|_{y=0} < 0$，$F'(y)|_{y=1} > 0$，$y = 0$ 是唯一的 ESS。表明地方政府采取放松监管策略。情形 5.4 的经济含义为：对地方政府而言，无论养殖企业维持现状或绿色发展，放松监管的收益水平总高于加强监管的收益水平，即地方政府倾向采用放松监管策略。

情形 5.5：若 $\Delta_C > 0$，$\Delta_D < 0$，即 $0 < C_1 + F - C_2 < F + S$，则需要区分两种状态。当 $x^* > (C_1 + F - C_2)/(F + S)$ 时，$F'(y)|_{y=0} < 0$，$F'(y)|_{y=1} > 0$，$y = 0$ 是唯一的 ESS；当 $x^* < (C_1 + F - C_2)/(P + S)$ 时，$F'(y)|_{y=0} > 0$，$F'(y)|_{y=1} < 0$，$y = 1$ 是唯一的 ESS。情形 5.5 的经济含义为：若养殖企业绿色发展，地方政府放松监管的收益水平高于加强监管时的收益水平；若养殖企业维持现状，地方政府加强监管时的收益水平高于放松监管时的收益水平。表明政府放松监管时的环境规制成本低于加强监管时的环境规制成本和补贴支出。

情形 5.6：若 $\Delta_C > 0$，$\Delta_D > 0$，则有 $x^* < (C_1 + F - C_2)/(F + S)$，可以发现 $F'(y)|_{y=0} > 0$，$F'(y)|_{y=1} < 0$，$y = 1$ 是唯一的 ESS。地方政府选择加

强监管策略。情形 5.6 的经济含义为：对于地方政府，无论养殖企业绿色发展或维持现状，加强监管的收益水平总高于放松监管的收益水平，即地方政府倾向采用加强监管策略。这种情况下，地方政府放松监管时的环境规制成本高于加强监管时的环境规制成本和补贴支出。

图 5-4 呈现了情形 5.2 与情形 5.5 地方政府与养殖企业的演化相位。

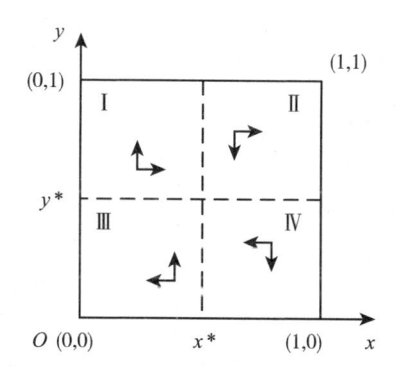

图 5-4　情形 5.2 和情形 5.5 时地方政府与养殖企业的演化相位

5.2.4　稳定性分析

上述分析表明地方政府和养殖企业分别对应三种稳定策略。基于中国现阶段的畜牧业发展状况和政策监管状况，养殖企业完全采取绿色发展策略或维持现状策略、地方政府完全采取加强监管策略或放松监管策略既不符合产业及监管环境的现实状态，也不符合本书对监管体制趋严的基本构想。因此，本书剔除了对情形 5.1、情形 5.3、情形 5.4、情形 5.6 的分析，着重讨论情形 5.2、情形 5.5 时系统的动态演化。联立方程（5.4）与方程（5.9）得到地方政府与养殖企业的二维复制动态系统（Ⅰ）：

$$\begin{cases} F(x) = x(U_{G1} - U_G) = x(1-x)(R_2 + R_3 + yS + \eta Q + yF - R_1) \\ F(y) = y(U_{B1} - U_B) = y(1-y)(C_1 + F - C_2 - xF - xS) \end{cases} \quad (5.11)$$

令 $F(x)=0$，$F(y)=0$，可得系统均衡点为：$(0,0)$、$(0,1)$、$(1,0)$、$(1,1)$、(x_1^*, y_1^*)，且 $x_1^* = (C_1 + F - C_2)/(F+S)$，$y_1^* = (R_1 - R_2 - R_3 - \eta Q)/(F+S)$。

命题 5.1：均衡点 $(0, 0)$、$(0, 1)$、$(1, 0)$、$(1, 1)$ 为鞍点，(x_1^*, y_1^*) 是系统（Ⅰ）的中心点，但不是渐近的 ESS。

证明：根据 Jacobian 矩阵的局部稳定分析法对地方政府与养殖企业的二维非线性动态系统展开分析，构建系统（Ⅰ）的 Jacobian 矩阵如下：

$$J = \begin{bmatrix} \dfrac{\partial F(x)}{\partial x} & \dfrac{\partial F(x)}{\partial y} \\ \dfrac{\partial F(y)}{\partial x} & \dfrac{\partial F(y)}{\partial y} \end{bmatrix} \tag{5.12}$$

其中，

$$\frac{\partial F(x)}{\partial x} = (1 - 2x)(R_2 + R_3 + yS + \eta Q + yF - R_1) \tag{5.13}$$

$$\frac{\partial F(x)}{\partial y} = x(1 - x)(F + S) \tag{5.14}$$

$$\frac{\partial F(y)}{\partial x} = y(1 - y)(-F - S) \tag{5.15}$$

$$\frac{\partial F(y)}{\partial y} = (1 - 2y)(C_1 + F - C_2 - xF - xS) \tag{5.16}$$

根据假设条件，任一初始点及其演化后的点需要处于二维空间 $\{(x, y) | 0 \leq x \leq 1, 0 \leq y \leq 1\}$，即 $0 \leq (C_1 + F - C_2)/(F + S) \leq 1$，$0 \leq (R_1 - R_2 - R_3 - \eta Q)/(F + S) \leq 1$，这可以解释为复制动态系统的平衡条件。表 5-3 呈现了均衡点的数值表达式及演化稳定性，可发现均衡点 $(0, 0)$、$(0, 1)$、$(1, 0)$、$(1, 1)$ 的矩阵行列式为负号，因此这四个点为鞍点。

表 5-3　地方政府与养殖企业复制动态系统的 ESS 分析

均衡点	等式类型	表达式	符号	结果
(0, 0)	Det J	$(R_2 + R_3 + \eta Q - R_1)(C_1 + F - C_2)$	-	鞍点
	Tr J	$(R_2 + R_3 + \eta Q - R_1) + (C_1 + F - C_2)$	不定	
(0, 1)	Det J	$(R_2 + R_3 + \eta Q + F + S - R_1)(C_2 - C_1 - F)$	-	鞍点
	Tr J	$(R_2 + R_3 + \eta Q + F + S - R_1) + (C_2 - C_1 - F)$	不定	
(1, 0)	Det J	$(R_1 - R_2 - R_3 - \eta Q)(C_1 - S - C_2)$	-	鞍点
	Tr J	$(R_1 - R_2 - R_3 - \eta Q) + (C_1 - S - C_2)$	不定	

续表

均衡点	等式类型	表达式	符号	结果
$(1, 1)$	Det J	$(R_1 - R_2 - R_3 - \eta Q - F - S)(S - C_1 + C_2)$	−	鞍点
	TrJ	$(R_1 - R_2 - R_3 - \eta Q - F - S) + (S - C_1 + C_2)$	不定	
(x_1^*, y_1^*)	Det J	$\left[\begin{array}{c} (C_2 - C_1 - F)(S - C_1 + C_2)(R_2 + R_3 + \eta Q - R_1) \\ (R_2 + R_3 + \eta Q + F + S - R_1) \end{array} \right] / (F+S)^2$	+	中心点
	TrJ	0		

此外，表 5-3 呈现了系统（Ⅰ）的中心点 (x_1^*, y_1^*)，其 Jacobian 矩阵如下：

$$J^* = \begin{bmatrix} 0 & \xi_1 \\ \xi_2 & 0 \end{bmatrix} \quad (5.17)$$

其中，

$$\xi_1 = [(C_1 + F - C_2)(S - C_1 + C_2)]/(F + S) > 0 \quad (5.18)$$

$$\xi_2 = [(R_2 + R_3 + \eta Q - R_1)(R_2 + R_3 + \eta Q + F + S - R_1)]/(F + S) < 0 \quad (5.19)$$

矩阵 J^* 的特征值为：

$$\lambda_{1,2} = \pm i \sqrt{|\xi_1 \xi_2|}$$

$$= \pm \frac{i \sqrt{\begin{array}{c}(C_1 + F - C_2)(C_1 - C_2 - S)(R_2 + R_3 + \eta Q - R_1) \\ (R_1 - R_2 - R_3 - \eta Q - F - S)\end{array}}}{F + S} \quad (5.20)$$

均衡点 (x_1^*, y_1^*) 在式（5.20）中的特征值 ξ_1、ξ_2 为虚根。据泰勒等（Taylor et al., 1978）及莫林等（Morin et al., 1997）的研究可以判断，(x_1^*, y_1^*) 为地方政府与养殖企业的二维非线性动态系统的中心点（稳定均衡点），但不是渐近 ESS。

证毕。

参照刘等（Liu et al., 2015）的研究解释系统（Ⅰ）的周期波动问题，复制动态方程在中心点 (x_1^*, y_1^*) 的运动轨迹为：

$$x_1 = x_1^* + A\cos(\omega t + \phi) \quad (5.21)$$

$$y_1 = y_1^* + A\sin(\omega t + \phi) \quad (5.22)$$

其中，$\omega = \sqrt{|\xi_1 \xi_2|}$，$A = \sqrt{(x_0 - x_1^*)^2 + (y_0 - y_1^*)^2}$，且

$$\phi = \begin{cases} \arctan[(y_0 - y_1^*)/(x_0 - x_1^*)], & 若(y_0 - y_1^*)/(x_0 - x_1^*) > 0 \\ \pi + \arctan[(y_0 - y_1^*)/(x_0 - x_1^*)], & 若(y_0 - y_1^*)/(x_0 - x_1^*) \leq 0 \end{cases} \quad (5.23)$$

可以发现，复制动态系统的混合策略轨迹为围绕中心点（x_1^*，y_1^*）的闭环曲线。其经济含义为：若政府放松监管，养殖企业将维持现状；若政府加强监管，养殖企业将绿色发展；若养殖企业维持现状，政府将加强监管；若养殖企业绿色发展，政府将放松监管。表明静态奖惩机制下不存在 ESS。

5.3 环保政策趋严背景下的演化博弈与数值仿真

中央政府把生态文明建设纳入地方政府考核体系，为地方政府选择加强监管策略提供了政治约束力（王立彦，2015；Boyd，2007）。但从长期来看，依靠政府加强监管维持畜牧业绿色发展的路径不可持续，这不仅加大地方财政压力，同时会导致养殖企业产生政策依赖，一旦政策松动将造成企业转型意愿疲软。地方政府需要以灵活有效的惩罚机制替代高成本监管策略。因此，本部分试图在环保政策趋严的基础上，探讨动态奖惩机制下复制动态系统的稳定性，结合调研数据及统计数据进行实证分析与数值模拟。

5.3.1 环保政策趋严背景下的系统稳定性

假设地方政府环保政策随环境污染加剧而趋严，即政府方面认为：养殖企业越倾向绿色发展就会给予更多补贴，养殖企业越倾向维持现状就征收更多罚款。此时，补贴金额与绿色发展概率正相关，罚款金额与维持现状概率正相关。原有的固定值 F、S 分别调整为养殖企业生产决策的函数，即 $M(x) = (1-x)K$，$N(x) = xV$，K 为罚款下限，V 为补贴上限。由此得

到地方政府与养殖企业的二维复制动态系统（Ⅱ）：

$$\begin{cases} F(x) = \dfrac{\mathrm{d}x}{\mathrm{d}t} = x(1-x)[R_2 + R_3 + \eta Q + yM(x) + yN(x) - R_1] \\ F(y) = \dfrac{\mathrm{d}y}{\mathrm{d}t} = y(1-y)[C_1 + M(x) - C_2 - xM(x) - xN(x)] \end{cases} \quad (5.24)$$

令 $F(x)=0$，$F(y)=0$，可得均衡点 (0, 0)、(0, 1)、(1, 0)、(1, 1)、(x_2^*, y_2^*)，且 $x_2^* = [(C_1 + M(x) - C_2)/[M(x) + N(x)]$，$y_2^* = (R_1 - R_2 - R_3 - \eta Q)/[M(x) + N(x)]$。

命题 5.2：均衡点 (0, 0)、(0, 1)、(1, 1) 为鞍点，(1, 0) 为不稳定点，(x_2^*, y_2^*) 为系统的渐近 ESS。

证明：从上述联立方程组可得到系统（Ⅱ）的 Jacobian 矩阵如下，

$$J_2 = \begin{bmatrix} \dfrac{\partial F(x)}{\partial x} & \dfrac{\partial F(x)}{\partial y} \\ \dfrac{\partial F(y)}{\partial x} & \dfrac{\partial F(y)}{\partial y} \end{bmatrix} \quad (5.25)$$

其中，

$$\dfrac{\partial F(x)}{\partial x} = (1-2x)[R_2 + R_3 + \eta Q + yM(x) + yN(x) - R_1]$$
$$+ x(1-x)yM'(x) + x(1-x)yN'(x) \quad (5.26)$$

$$\dfrac{\partial F(x)}{\partial y} = x(1-x)[M(x) + N(x)] \quad (5.27)$$

$$\dfrac{\partial F(x)}{\partial x} = y(1-y)[M'(x) - M(x) - xM'(x) - N(x) - xN'(x)] \quad (5.28)$$

$$\dfrac{\partial F(y)}{\partial y} = (1-2y)[C_1 + M(x) - C_2 - xM(x) - xN(x)] \quad (5.29)$$

根据假设条件，任一初始点及其演化后的点需要处于二维空间 $\{(x,y) | 0 \leqslant x \leqslant 1, 0 \leqslant y \leqslant 1\}$，即 $0 \leqslant [(C_1 + M(x) - C_2]/[M(x) + N(x)] \leqslant 1$，$0 \leqslant (R_1 - R_2 - R_3 - \eta Q)/[M(x) + N(x)] \leqslant 1$，这可以解释为复制动态系统的平衡条件。通过计算均衡点对应的矩阵行列式和迹，可确定均衡点 (0, 0)、(0, 1)、(1, 1) 为鞍点，(1, 0) 为不稳定点。把中心点 (x_2^*, y_2^*) 代入 Jacobian 矩阵，解得矩阵的特征根 ξ_1' 和 ξ_2' 是一对具有负实部的

特征复根，可以判断系统（Ⅱ）具有渐近稳定性，系统的演化轨迹趋向于稳定均衡点（x_2^*，y_2^*）。

证毕。

5.3.2 实证分析与数值模拟

受不同地区差异化的经济水平及畜牧业发展阶段等因素影响，地方政府治理畜牧业资源环境问题的态度和力度表现出明显差异（赵雪雁等，2019；Hawkins et al.，2016）。总体来看，东部沿海经济发达地带率先推动畜牧业转型升级，成为畜牧业环保政策实施的先行区，而中西部地区仍受制于相对贫困的财政体系、落后的发展观念处在政策监管薄弱阶段（毛晖等，2014）。因此，本章充分结合统计数据和调研数据进行数值模拟，为前文的理论分析提供可靠的科学解释。

1. 数据说明

在满足情形5.2、情形5.5相关假设的情形下结合中国实际进行参数赋值。基于《中国环境统计年鉴》《中国统计年鉴》等统计数据，选取畜牧业生产规模接近但分别位于东部沿海和西部内陆的浙江、陕西两省，根据两省环境污染治理投资水平差异估算加强监管及放松监管时的环境规制成本，由此测算得到 C_1 和 C_2 分别为10、16。为确定养殖企业采取不同策略时的税前利润差异，对吉林、山西、山东等地养殖企业开展调查发现，绿色转型发展初期清洁能源替代传统能源导致能源成本上涨10%左右，修建及运营环保设施导致成本增加30%，综合核算发现养殖企业绿色发展初期的平均税前利润相比维持现状养殖企业平均税前利润低33%左右，由此为 R_1 和 R_2 赋值分别为300、200。绿色发展策略有助于养殖企业提升产品附加值、降低生产风险及优化企业声誉，相比维持现状企业可获得20%～30%的额外收益。地方政府需要对维持现状的企业征收罚金并为绿色发展企业发放补贴，提升绿色发展者的收益水平并压低维持现状者的净收益，本书结合现实案例把奖惩标准均设定为税前利润的10%。

2. 模拟结果

系统（Ⅰ）和系统（Ⅱ）的动态演化进程分别见图5-5和图5-6。

（a）系统（Ⅰ）的演化轨迹　　　　　（b）地方政府和养殖企业的演化路径

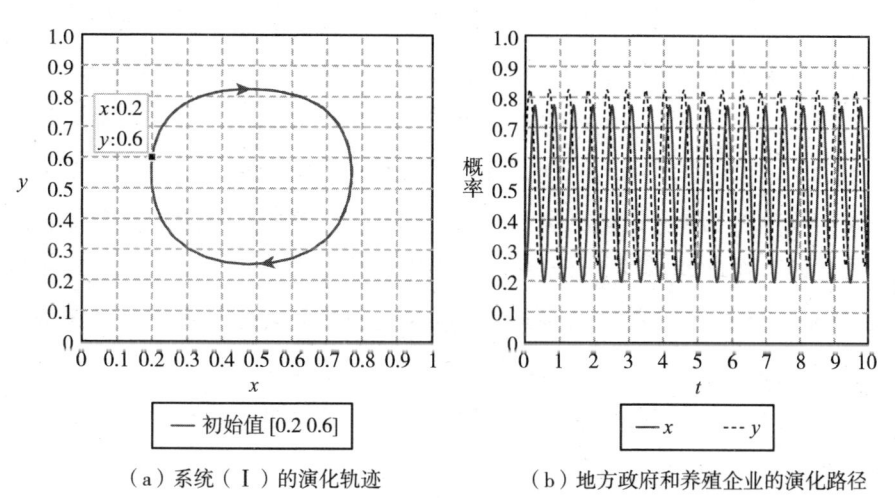

图5-5　不存在环保政策趋严时的复制动态

（a）系统（Ⅱ）的演化轨迹　　　　　（b）地方政府和养殖企业的演化路径

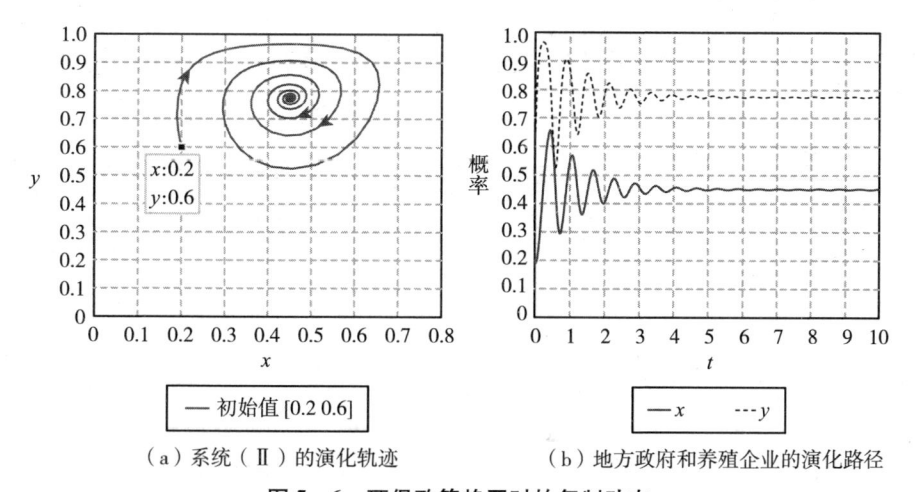

图5-6　环保政策趋严时的复制动态

图5-5（a）表明，不存在环保约束趋严的情形下，地方政府与养殖企业的演化轨迹呈现为一条围绕中心点的闭环曲线，系统不具有渐近稳定性，这验证了命题5.1对系统（Ⅰ）稳定性分析的结论。图5-5（b）呈

现了地方政府和养殖企业随时间变化的演化路径，静态奖惩机制下的政企双方循环往复上下波动。图 5-6 展现了环保约束趋严背景下博弈双方的演化路径。从图 5-6（a）可以看出，加强环保约束促使复制动态系统（Ⅱ）的演化轨迹螺旋收敛，且存在纳什均衡，验证了命题 5.2 对系统（Ⅱ）稳定性的判断。从图 5-6（b）可以发现，地方政府加强监管的比例与养殖企业绿色发展的比例均不再无限循环波动，而是在波动过程中趋向稳定。

由此，本书发现静态奖惩机制无法促成畜牧业绿色发展，且会导致政府与企业决策持续波动，但一旦通过动态奖惩机制强化环境约束，便会促使政府和企业呈现演化稳定状态。结合我国实际来看，畜牧业转型绿色发展的过程面临政策调整、市场冲击、动物疫病等多重风险，畜牧业绿色发展进程需要在波动中趋向稳定，灵活的奖惩机制是促进企业决策稳定的重要因素。同时，这表明单纯依赖征收环保税和定额奖惩的方式无法推动畜牧业转入可持续的绿色发展状态，地方政府需要结合养殖企业生产决策调整奖惩标准，构建动态奖惩机制。

5.4 敏感性分析与讨论

关键参数调整对地方政府和养殖企业的生产决策具有重要影响，本节内容着重探讨参数变化对政企双方生产决策的影响，并讨论如何通过参数优化推动畜牧业绿色发展。

5.4.1 敏感性分析

研究认为，税率、额外收益、罚款下限、奖励上限是影响博弈双方策略选择的重要因素，因此本节讨论这些参数在不同水平下的作用效果。

1. 环保税率

调研发现，近几年受非洲猪瘟疫情等因素影响，多数地区仍未对规模养殖企业征收环保税，但预期环保税必将成为推动畜牧业绿色发展的重要方式。因此，本书设定5个环保税税率标准，模拟不同环保税率下政企双方的决策变化。从图5-7（a）可以看出，当税率较低时（$\eta=0.8$，此时超出情形5.2和情形5.5的假设范围），x仅能收敛于0.2，企业绿色发展的概率较低，但随着税率提高，x快速抬升至0.45，当税率超过1时，企业绿色发展的概率不再明显变化，且税率升高明显抑制x的收敛速度，若税率过高（$\eta=3.5$，此时超出情形5.2和情形5.5的假设范围）则会导致x快速抬升并收敛于1。从图5-7（b）可以看出，税率升高促进政府加强监管的概率下降，过低的税率导致y收敛于1，而较高的税率导致y收敛于0。研究认为，在其他因素不变前提下，小幅提升环保税率对养殖企业绿色发展具有促进作用，但超过一定界限继续抬高税率则无法继续发挥促进作用，反而加剧企业决策波动并抑制收敛速度，表明过度征税对企业绿色发展的激励作用递减。同时，环保税率的升高将替代政府监管作用，促使政府放松监管的决策概率升高，适当优化税率标准有利于实现政府放松监管基础上的畜牧业绿色发展。概言之，当系统达到稳定均衡时，不同环保税率下的企业决策保持不变，而政府则随税率提升而增加放松监管概率。

（a）环保税率对养殖企业策略的影响　　（b）环保税率对地方政府策略的影响

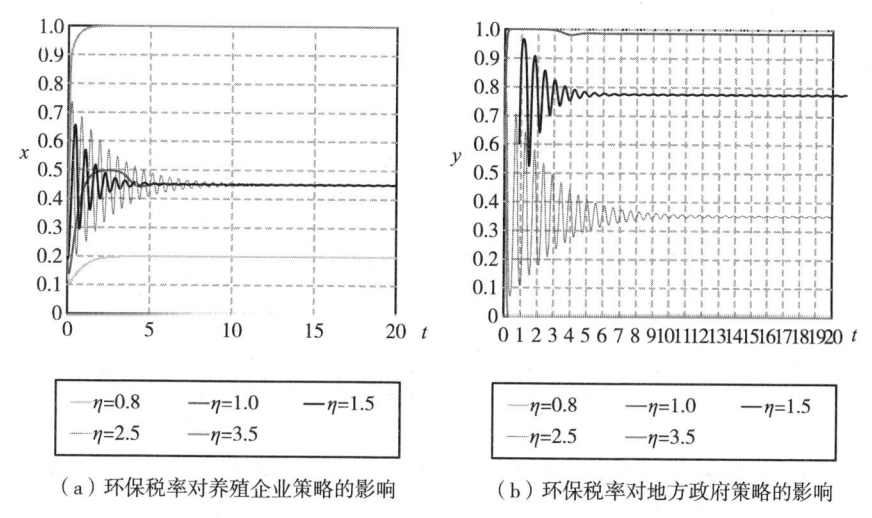

图5-7　环保税率对养殖企业和地方政府策略的影响

2. 额外收益

饲草料成本降低、副产品收入增加、产品增值及社会认可等额外收益是养殖企业转型绿色发展的重要内因。本书由低及高把企业绿色发展的额外收益 R_3 设置为 5 个层次，模拟不同额外收益水平下养殖企业与地方政府的策略选择。从图 5-8（a）可以看出，当额外收益过低时（$R_3=37$，此时超出情形 5.2 和情形 5.5 的假设范围），彻底抑制了养殖企业的绿色发展倾向，随着额外收益升高，养殖企业绿色发展的概率明显增加，并逐渐收敛于均衡点，此后继续提高额外收益会导致收敛速度下降。从图 5-8（b）可以看出，当额外收益处在偏低的 3 个水平时（$R_3=37$，$R_3=40$，$R_3=41$），政府将维持加强监管策略，而随着额外收益水平进一步扩大，加强监管的概率显著下降，表明 R_3 对政府的策略选择具有门槛效应。研究认为，适当提升额外收益有助于企业绿色发展概率增加，但过高的额外收益将使 x 陷入增长瓶颈并放缓收敛速度。

（a）额外收益对养殖企业策略的影响　　（b）额外收益对地方政府策略的影响

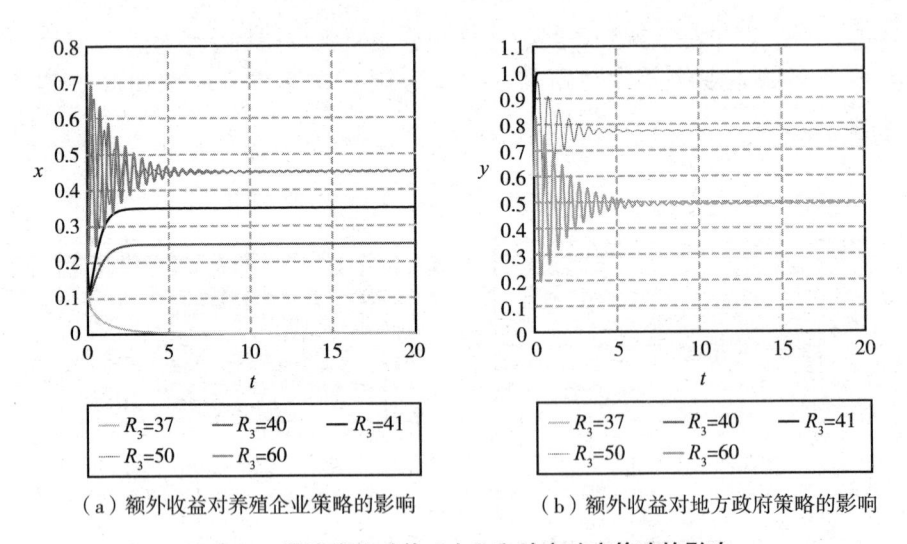

图 5-8　额外收益对养殖企业和地方政府策略的影响

当系统稳定均衡时，不同额外收益下的企业决策保持不变，而政府则随额外收益提升而增加放松监管的决策概率。

3. 罚款下限

构建灵活、明确的奖惩制度是环保约束趋严背景下加强政府规制的必然要求。本书为惩罚函数赋予不同的最低处罚标准，以此模拟升高罚款下限 K 对政企双方决策的影响。从图 5-9（a）可以看出，当罚款下限过低时（K = 25，此时超出情形 5.2 和情形 5.5 的假设范围），无法对养殖企业形成有效的约束作用，x 最终收敛于 0，此时企业实施维持现状策略，提高罚款下限会促进企业绿色发展概率逐渐增加，且 x 收敛速度明显加快。从图 5-9（b）可以看出，当罚款下限过低时，y 收敛于 1，即过低的处罚标准要求政府必然执行加强监管策略，随着罚款下限升高，政府加强监管概率明显下降，且 y 收敛速度明显加快。可以发现，提高罚款下限有助于在减轻政府监管压力的同时推动畜牧业绿色发展进程。

（a）罚款下限对养殖企业策略的影响　　（b）罚款下限对地方政府策略的影响

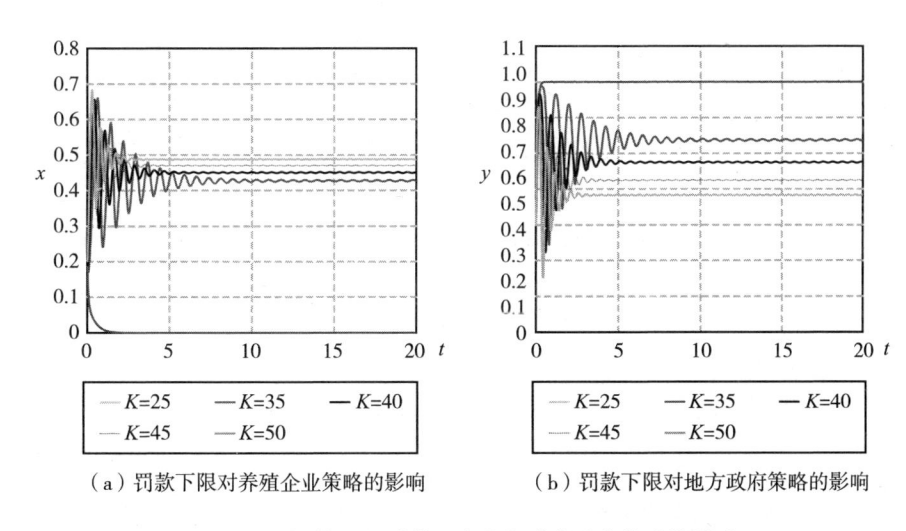

图 5-9　罚款下限对养殖企业和地方政府策略的影响

4. 奖励上限

在企业转型初期，实施财政补贴有助于激发企业绿色发展的积极性，但实践表明，补贴金额需要"适可而止"，过高的财政补贴反而对政策初衷产生抑制作用甚至反作用。为检验奖励金额变动对政企双方决策的影响，本书由低及高分别设置了 5 个奖励上限，模拟不同奖励水平下养殖企业和地方政府的决策变化。从图 5-10（a）可以看出，适度提高奖励上限能够促进养殖企业绿色发展概率明显升高，但倘若超过奖励临界值，x 便会逆势下降。从图 5-10（b）可以看出，政府决策对奖励上限具有门槛效应，一旦超过奖励临界值，y 便呈现快速下降趋势。这一结果表明，不同程度的财政奖励对企业及政府决策呈现出差异化的影响，适当的财政奖励有利于企业偏向绿色发展，但过高的财政奖励亦会导致相反的作用效果。

（a）奖励上限对养殖企业策略的影响　　（b）奖励上限对地方政府策略的影响

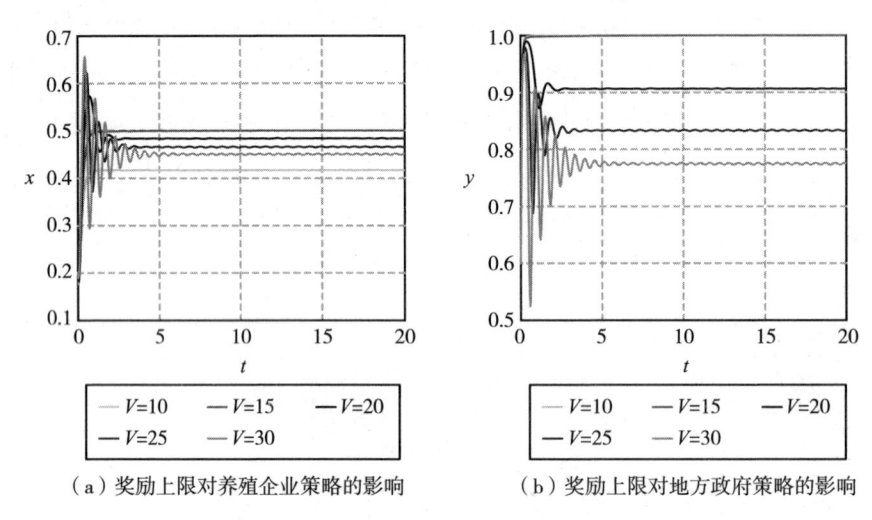

图 5-10　奖励上限对养殖企业和地方政府策略的影响

5.4.2　讨论

上述分析模拟了主要参数变化对养殖企业和地方政府决策的影响。研究发现，当系统达到稳定均衡时，环保税率和额外收益的波动无法影响企业决策，但会对政府的监管决策带来明显影响；抬高罚款下限有助于企业和政府分别增加绿色发展和放松监管的概率，同时促进收敛速度提升；适当的奖励上限能够增加企业绿色发展概率，但其过度增长将会导致绿色发展概率下降。总体来看，4 项主要参数的增长对政府加强监管表现出抑制作用，但对企业存在一定的正向作用区间，特别是环保税率、额外收益、奖励上限能够在一定范围内对企业绿色发展产生促进作用。因此，地方政府可以优化参数设计，促使关键参数在满足系统（Ⅱ）均衡条件的前提下达到最优状态。根据数值模拟结果，可以适当调整相关参数以促使系统接近最优状态，如提高额外收益、降低奖励上限、抬高罚款下限（初始税率接近最优状态，不作调整），即令 $R_3=60$，$V=15$，$K=30$。由图 5-11 可以看出，相比初始情况，改进后的复制动态系统能够以更快的速度收敛于稳定均衡点，且养殖企业绿色发展的概率明显增加、地方政府加强监管的概率大幅下降，表明优化参数能够提高系统效率，促进养殖企业在政府放松监管的同时提升绿色发展概率。因此，对于地方政府而言，通过建立动态奖惩机制等措施优化关键参数，有助于推动企业自主绿色发展，促进畜牧业步入绿色转型的良性发展轨道。

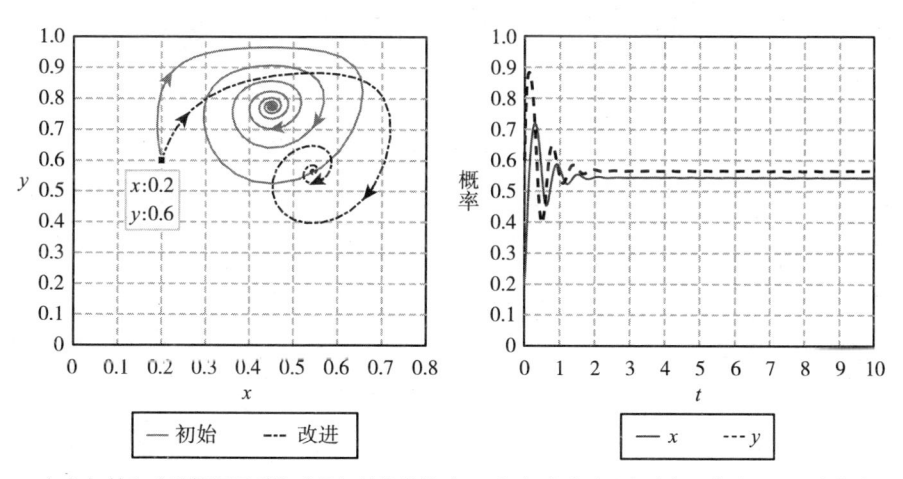

(a) 初始和改进情况下系统（Ⅱ）的演化轨迹　　(b) 改进后地方政府和养殖企业的演化路径

图 5-11　初始和改进情况下的仿真结果

5.5　政府规制对协调发展的影响分析

基于"政府规制—畜牧业生产方式—协调关系"作用机制，可以分析政府规制通过影响畜牧业生产方式对协调发展的间接影响（见图 5-12）。

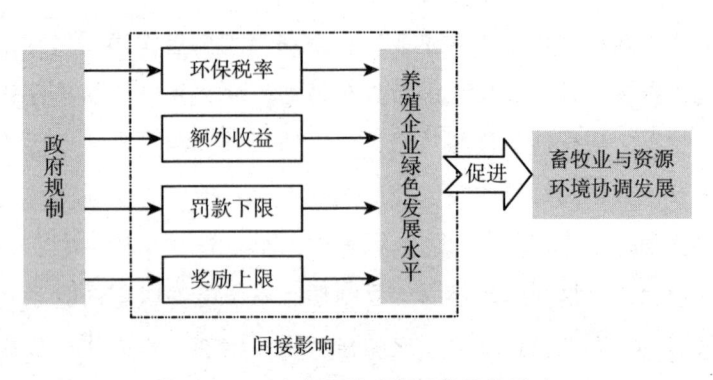

图 5-12 政府规制对协调发展的影响

地方政府与养殖企业的演化博弈模型仿真结果表明，常规环保政策下政府实施静态奖惩机制，此时的政府规制手段并未对养殖企业生产决策造成明显影响，不存在博弈均衡状态；加强环保政策约束后政府实施动态奖惩机制，此时的政府规制手段对养殖企业的生产决策产生重要影响，且地方政府与养殖企业达成博弈均衡状态。由此可见，政府推进环保政策能够明显改变企业生产决策，提高企业实施绿色发展的概率，从而间接促进畜牧业与资源环境协调发展。结合各参数的敏感性分析发现，政府规制对协调发展的影响主要表现在以下方面：一是通过优化环保税率促进协调发展，当环保税率由 0.8 元/污染当量提升至 1.0 元/污染当量时，养殖企业绿色发展的概率可以由 20% 提高至 45%；二是通过适度提升企业额外收益促进协调发展，当企业绿色发展的额外收益由 41 增长至 50 时，养殖企业绿色发展的概率可以由 35% 提高至 45%；三是通过适度抬高罚款下限促进协调发展，当罚款下限由 35 抬高至 50 时，养殖企业绿色发展的概率可以由 43% 提高至 49%；四是通过调整奖励上限促进协调发展，当企业绿色发展的奖励上限由 10 增长至 15 时，企业绿色发展的概率能够由 42% 提高至 50%。综合来看，适度调整环保税率和其他奖惩措施能够明显提高企业绿色发展概率，进而增进畜牧业与资源环境的协调发展水平。在同时调整各主要参数后，畜牧业绿色发展概率能够从 43% 提高至 54%，表明通过建立动态奖惩机制等方式调整政府规制措施、优化关键参数设置能够增进畜牧业与资源环境的协调发展水平。

5.6 本章小结

本章重点探讨了政府规制对畜牧业与资源环境协调发展的影响，但受制于政府规制对协调发展影响的间接性特征，故从政府规制影响养殖企业生产决策的角度展开分析。基于演化博弈理论，分别构建静态奖惩机制和动态奖惩机制下的演化博弈模型，综合统计数据和微观调研数据对模型进行数值模拟和敏感性分析。本章主要得出以下结论。

（1）在不考虑环保约束趋严时，地方政府的奖惩力度与企业的减排程度不相关，即表现为静态的奖惩机制，博弈双方围绕中心点呈现周期性闭环运动，复制动态系统不存在 ESS；考虑环保约束趋严背景后，假设地方政府的奖惩力度因企业的减排程度而定，双方形成动态化的奖惩机制，此时无论政府与企业的初始状态如何，都会围绕稳定均衡点螺旋式收敛。

（2）敏感性检验表明，适度提高环保税率、额外收益、罚款下限和奖励上限有助于提高企业绿色发展概率，但受制于畜牧业绿色发展初期内外环境的约束，过度提高环保税率、额外收益和奖励上限至临界点以后将无法明显干预企业的最终决策，甚至发挥负向作用，持续抬高罚款下限对企业绿色发展的边际效用明显递减。同时，这4项参数的增长促使地方政府由加强监管向放松监管转变。

（3）通过对系统的初始演化轨迹与改进后的演化轨迹对比发现，改进后的系统能够相对快速收敛于均衡点，表明优化参数设计能够提升系统效率，同时增加企业绿色发展和政府放松监管的概率。综合分析可以发现，政府规制能够通过提升养殖企业绿色发展概率促进畜牧业与资源环境协调发展。

第6章

畜产品国际贸易对畜牧业与资源环境协调发展的影响

经济全球化快速发展背景下，推动我国畜牧业与资源环境协调发展，不应仅局限于国内畜牧业与资源环境系统，更需要着眼国际分工与贸易格局审视全球资源环境要素的优化配置。我国畜产品进口规模持续扩大，在满足居民优质动物蛋白消费需求的同时，造成畜产品自给水平下降、资源环境对外依存度升高等问题。与此同时，部分学者和国际社会对中国畜产品进口造成的资源环境跨国转移提出指责，加剧我国畜产品进口贸易风险。因此，有必要明确我国畜产品进口的资源环境效应，探明畜产品进口对我国畜牧业与资源环境协调发展的具体影响，这对优化畜产品进口结构、保障畜产品有效供给和应对潜在贸易风险具有重要意义。

国际贸易拉动有形产品全球流动的同时，也促进隐含资源环境要素跨国转移，如虚拟水、隐含碳等，这使得资源环境的生产和消纳功能在更广的范围重新配置，对区域内资源环境协调关系产生重要影响（奎国秀等，2021；耿强等，2018）。查帕甘等（Chapagain et al.，2006）认为全球农产品贸易可节水 352Gm^3/年，但也会增加区域性水资源压力；谭等（Tan et al.，2013）对中国与澳大利亚贸易的隐含碳研究发现，澳大利亚向中国出口碳密集型产品利于中国缓解环境负担；达林等（Dalin et al.，2015）

采用一般均衡福利模型和线性规划优化模型研究了中国水资源保护与粮食安全的平衡关系，发现在内蒙古、北京等干旱区缩减灌溉用地有利于提高农业与水资源利用效率、减少水资源消耗，同时也会小幅降低粮食自给率，小幅扩大粮食进口对水资源保护具有积极作用；李等（Li et al.，2019）采用多区域投入产出模型实证研究中国同"一带一路"沿线国家的贸易隐含空气污染排量，发现隐含空气污染位移加剧，中国处于隐含空气污染贸易顺差；张文城等（2014）采用 MRIO 模型测算了 40 个经济体的消费侧资源环境负荷，与传统生产侧资源环境负荷比较发现，发展中国家对发达国家存在资源环境净输出，发达国家往往通过向发展中国家转移资源环境负荷来缓解资源环境承载能力严重失衡的问题；陈炜明（2019）同样发现贸易及其结构变化对各国资源坏境的影响，并对贸易结构变化的经济和资源环境效应进行核算，认为传统发达国家往往在经济和资源环境层面双重收益。在农业及其他部门采用虚拟水和隐含碳方法的研究正在增多，并正广泛应用于贸易领域测算资源环境效应（韩梦瑶等，2022；郑海霞等，2022；齐晔等，2008）。

这些研究在不同层面或不同领域分析了国际贸易的资源环境效应，但聚焦畜牧业领域的畜产品国际贸易资源环境效应研究仍鲜见文献，本章采用 IO-LCA 模型、虚拟水等方法，以隐含碳和虚拟水分别表征环境与资源要素，进一步分析畜产品进出口贸易对我国畜牧业与资源环境协调发展的影响效果。值得注意的是，从广义畜牧业视角来看，饲料粮、牧草等资源要素的进口同样会对国内畜牧业与资源环境的协调发展造成影响，但纳入这些因素展开分析同时又涉及更为复杂的口径界定和资源环境要素潜在流动问题，为此本书立足于畜产品这一内容本身分析国际贸易的资源环境效应，以便于分析直接的畜产品流通对国内资源环境系统压力及作用关系的影响。

6.1 研究方法与数据来源

畜产品进口、出口贸易的实质分别表现为资源环境负荷的向外、向内转移,其中进口贸易可以具体表现为资源要素的流入(替代国内资源消耗相当于进口资源)和环境要素的输出(减少国内环境消纳相当于出口环境负荷)。碳排放增长和水资源短缺是当今世界突出的资源环境问题,严重制约畜牧业可持续发展,因此,本书分别以虚拟水和隐含碳表征畜牧业资源与环境的国际贸易(见图6-1)。

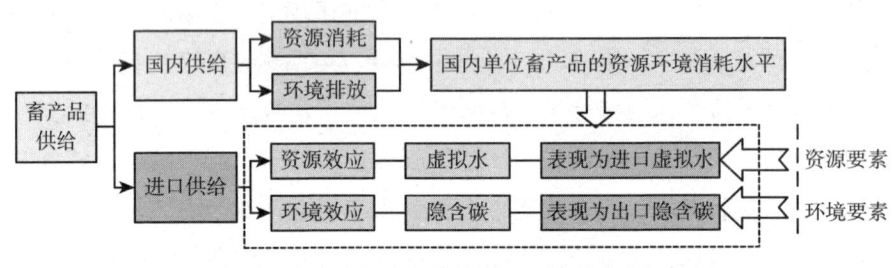

图6-1 畜产品国际贸易的资源环境效应分析框架

6.1.1 研究方法

1. IO-LCA 模型

进口畜产品资源环境贡献的实质是对国内生产相应产品的资源环境替代,因此本书认为单区域 IO 模型相比 MRIO 模型更能符合资源环境贡献的经济学含义。本书在第四章分析畜牧业与资源环境协调水平时已测算畜牧业碳排放、水足迹,但相关测算过程主要基于狭义畜牧业概念测算动物养殖环节的碳排放和虚拟水消耗(虚拟水含部分饲料粮),难以完整反映畜牧业水资源与碳环境负荷,因此本章将以广义畜牧业概念为指导对碳排放和水资源消耗进行系统核算。

采用传统投入产出模型(IO)测算隐含碳极易忽视动物生理活动的碳排放,因此本书作出以下改进:一是结合生命周期方法(LCA)构建畜牧业全产业碳排放测算系统,以碳排放轴呈现前畜牧植物生产、动物养殖、后畜牧产品生产3个环节的碳源(见图6-2);二是单独剥离出动物养殖环节的生理型碳排放,即由动物生理活动所导致的肠胃发酵和粪污管理碳排放,从而使得 IO 与 LCA 统一起来,便于全面核算畜牧业能源型和非能源型（生理型）碳排放；三是把投入产出表中的畜牧产品、饲料加工品、屠宰及肉类加工品、乳制品 4 部门均视作畜牧业部门进行核算。

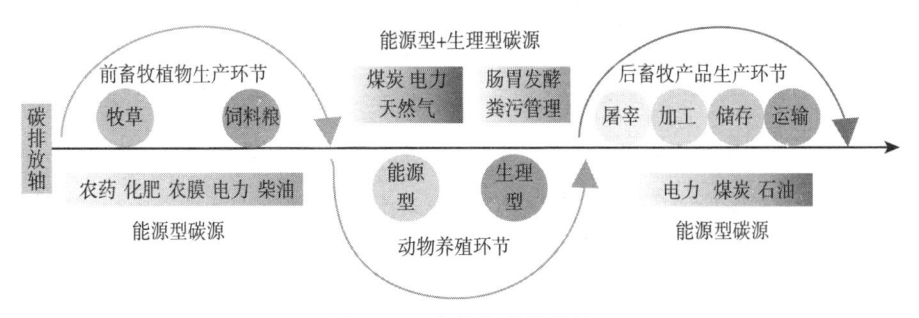

图 6-2 畜牧业碳排放轴

里昂惕夫投入产出的基本模型为：

$$X = AX + Y - (1 - A)^{-1}Y = LY \quad (6.1)$$

其中，X 为各部门总产出列向量，A 为直接消耗系数矩阵，Y 为最终产品列向量，L 为列昂惕夫逆阵。直接消耗系数可用 a_{ij} 表示，且 $a_{ij} = X_{ij}/X_j$。

基于此，本书构建 IO-LCA 模型如下：

$$C = C_N + C_P = E(I-A)^{-1}Y^T + \sum_{i=1}^{n} IC_i \times T_i \quad (6.2)$$

$$C^M = C_N^M + C_P^M = E(I-A)^{-1}Y^M + \sum_{i=1}^{n} IC_i \times T_i^M \quad (6.3)$$

$$C^E = C_N^E + C_P^E = E(I-A)^{-1}Y^E + \sum_{i=1}^{n} IC_i \times T_i^E \quad (6.4)$$

$$C^B = C^M - C^E \quad (6.5)$$

其中，C 为畜产品贸易隐含碳排放，C^M、C^E 分别为进口、出口贸易隐含碳排放，C^B 为畜产品进出口贸易隐含碳净排放；C_N 为基于 IO 模型测算的畜产品贸易能源型隐含碳排放，C_P 为基于 LCA 模型测算的畜产品贸易非能源型（生理型）隐含碳排放；E 为某行业单位总产出碳排放强度矩阵，Y^M、Y^E 分别为进口、出口贸易额矩阵（2000 年不变价）；IC_i 为第 i 种畜产品单位产量的非能源型隐含碳排放量，T_i^M、T_i^E 分别为第 i 种畜产品进口、出口贸易量。

根据 IPCC（2006）和 FAO（2004）公布的畜禽肠胃发酵及粪污管理

的 CH_4、N_2O 排泄系数，结合中国畜牧业养殖规模和畜产品产量数据，测算得到单位畜产品的非能源型碳排放系数：

$$IC_i = \frac{GC_i}{O_i} = \frac{R_i \times (M_i \times GE^M + N_i \times GE^N) \times S}{O_i} \quad (6.6)$$

其中，GC_i 为第 i 种畜产品非能源型隐含碳排放总量，O_i 为第 i 种畜产品产量，R_i 为第 i 种畜禽年内平均饲养量，M_i 为第 i 种畜禽的 CH_4 排放系数，GE^M、GE^N 分别为 CH_4、N_2O 的 CO_2 当量单位温室效应指数，S 为 CO_2 当量的标准碳转化系数。

2. 虚拟水方法

由于无法获得投入产出表对应部门的水资源消耗量，因此采用 IO 模型测算虚拟水贸易量有失准确。通常认为，畜牧业水资源消耗总量主要涵盖饲草料虚拟水、动物直接饮水、养殖清洁用水、屠宰加工用水等部分。因此，本书参照查帕甘等（Chapagain et al., 2003）对中国主要畜产品虚拟水含量的研究成果（见表6-1），测算畜产品贸易虚拟水流量：

$$WF^M = \sum_{i=1}^{n} VW_i \times T_i^M \quad (6.7)$$

$$WF^E = \sum_{i=1}^{n} VW_i \times T_i^E \quad (6.8)$$

$$WF^B = WF^M - WF^E \quad (6.9)$$

其中，WF^M、WF^E、WF^B 分别为畜产品进口、出口、净进口贸易虚拟水流量，VW_i 为单位畜产品虚拟水含量。

表6-1　　　　　　　　　　主要畜产品虚拟水含量

项目	猪肉	牛肉	羊肉	禽肉	原料奶
虚拟水含量（立方米/吨）	3819	29625	11399	3111	1171

资料来源：查帕甘等（Chapagain et al., 2003）。

3. 畜产品贸易资源环境贡献率

畜产品贸易资源环境贡献率指进口畜产品对缓解国内畜牧业资源环境

压力的贡献水平，表现为净进口虚拟资源环境与国内畜产品资源环境消耗的比值。

$$\alpha = \frac{C^B}{C^B + C^D} \times 100\% \quad (6.10)$$

$$\beta = \frac{WF^B}{WF^B + WF^D} \times 100\% \quad (6.11)$$

其中，α、β 分别为畜产品贸易的（碳）环境贡献率和（水）资源贡献率，C^D、WF^D 分别为国内生产的隐含碳排放和虚拟水消耗，与前文隐含碳、虚拟水贸易量的计算方法一致。

6.1.2 数据来源

鉴于数据可获得性，本书采用国家统计局2002年、2007年、2012年、2017年、2018年的投入产出表进行畜产品能源型隐含碳贸易核算分析。各部门能源消费数据来源于《中国能源统计年鉴》，畜禽甲烷排泄系数及CO_2当量的标准碳转换系数来自IPCC（2006），氧化亚氮排泄系数来自FAO（2004），畜产品贸易数据来自联合国商品贸易统计数据库（UN Comtrade），国内畜牧业生产数据来自《中国统计年鉴》，畜产品虚拟水含量数据来自查帕甘等（Chapagain et al.，2003）的研究成果。贸易金额等数据按照2000年不变价进行折算处理，2020年的能源型隐含碳数据按照贸易增长量推算得到。

6.2 畜产品隐含碳贸易格局

6.2.1 隐含碳贸易波动特征

伴随畜产品出口规模缩减、进口规模扩张，中国畜产品贸易逆差持续扩大，由此所导致的隐含碳贸易顺差快速增长。2002年、2007年中国猪肉、牛肉贸易尚处在贸易顺差扩大阶段，特别是2007年牛肉净出口2.47万吨，导致这一时期畜产品隐含碳贸易呈现逆差。此后，中国畜产品生产增长率滞后于消费增长率，2010年后的肉类进口量年均增长率达28.68%，尤其是非洲猪瘟疫情暴发以后的增速明显加快，2020年猪肉自给率跌至90.55%、牛肉自给率跌至76.03%、羊肉自给率跌至93.12%、原料奶自给率跌至68.09%，草食型畜牧产品的对外依赖程度持续加剧。这一过程，彻底扭转了畜产品隐含碳贸易逆差格局，牛羊肉等碳密集型产品的进口增长使畜产品贸易顺差快速扩大。2020年，畜产品贸易导致的能源型和生理型隐含碳净出口量分别高达218.23万吨和1729.66万吨（见图6-3）。

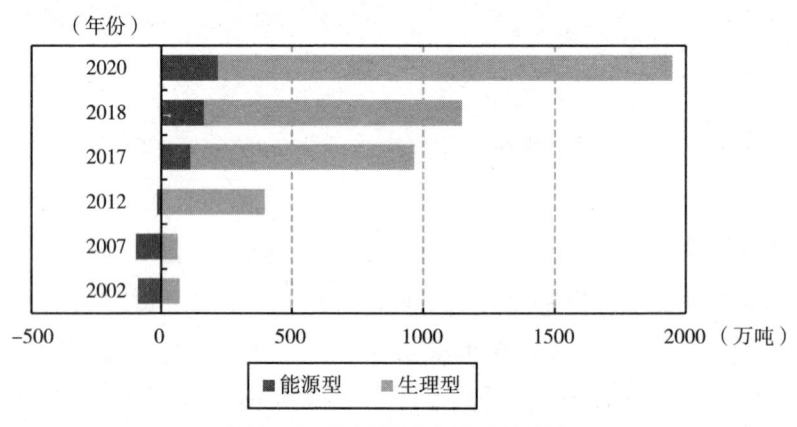

图6-3 畜产品隐含碳净出口量

从碳排放结构来看，畜产品生理型碳排放占总排放的80%以上，充分表明动物肠胃发酵、粪污管理等生理活动是重要的碳源，传统忽视动物生理排放而仅仅依靠投入产出表测算农业碳排放的研究方法会严重低估畜牧业部门的碳排放。研究发现，能源型碳排放在前三个研究年度表现为净进口，这主要受同期饲料加工业、屠宰及肉类加工业出口额远高于进口额的影响；后三个年度的能源型碳排放转向净出口，同期畜牧业及与之相关的玉米、屠宰产品进口额保持快速增长，整个畜牧产业部门完全融入并趋向依赖国际市场。由于生理型碳排放的核算范围仅限动物饲养环节，且其贸易量完全依据畜产品的贸易量核算，因此不受同畜牧业具有流向关系的其他产业部门影响。测算发现，研究期内畜产品生理型碳排放一直处于净出口状态,由畜产品进口导致的生理型碳流失规模在研究期内增长23.11倍。

6.2.2 隐含碳贸易空间格局

在中国畜产品进口结构中,牛羊肉、原料奶等碳密集型畜产品占比明显偏高,导致畜产品贸易携带的隐含碳规模较大,进口牛羊肉密集的地区是中国出口隐含碳的重要贸易区。

2020年中国直接进口畜产品共计造成2353.90万吨的隐含碳出口,本书选取42个畜产品贸易国进行隐含碳贸易格局分析(其中欧洲国家占24个,故将全部欧洲国家合并为一个地区),中国向这19个国家和地区的隐含碳出口量占总出口量的99.84%。中国出口隐含碳最多的地区是巴西,并高达当年隐含碳输出总量的21.81%,其次为欧洲,且对西班牙、德国、荷兰、法国、丹麦五国的出口量占对欧洲输出总量的70.31%。仅对巴西、欧洲两地的隐含碳输出量就已高达总输出量的41.29%,此外输出规模超过100万吨的地区还有新西兰、阿根廷、澳大利亚、美国、乌拉圭,主要集中在美洲与大洋洲。

总体来看,中国向北美洲、南美洲、大洋洲、欧洲、亚洲和非洲都存在畜产品隐含碳输出,但受自这六大洲进口畜产品的数量和结构差异影响,对不同区域的隐含碳输出规模差距较大。2020年,中国向南美洲输出隐含碳945.46万吨,占输出总量的40.17%,值得注意的是,中国自巴西、阿根廷进口牛肉132.95万吨,占牛肉进口总量的62.76%,这对扩大隐含碳贸易规模作用明显;中国向大洋洲输出隐含碳702.51万吨,占输出总量的29.84%,中国自澳大利亚和新西兰的牛肉进口规模仅次于南美洲,且羊肉进口量高达总进口量的96.67%,同样属于中国草食畜产品主要的进口贸易国;中国向欧洲输出隐含碳458.46万吨,占输出总量的19.48%,自西班牙、丹麦的猪肉进口贸易及自荷兰等国的原料奶进口比重较大;中国北美洲输出隐含碳223.41万吨,占输出总量的9.49%,且主要来自对加拿大的猪肉贸易和对美国的猪肉、禽肉、原料奶贸易;中国向亚洲、非洲输出隐含碳分别仅为 14.46 万吨、5.92 万吨，主要来自同俄罗斯、泰国的禽肉贸易及同南非的牛肉贸易。

总体来看，中国畜产品隐含碳出口贸易分布广泛，但区域集聚性特征也十分明显，南美洲、大洋洲和欧洲牧草资源禀赋优良的国家是中国最主要的隐含碳输出贸易伙伴，中国同这些地区的畜产品贸易增进了双方之间的碳平衡。

6.3 畜产品虚拟水贸易格局

6.3.1 虚拟水贸易波动特征

如图 6-4 所示，畜产品进口扩张推动虚拟水进口贸易规模持续扩大，贸易逆差由 2002 年的 28.75 亿立方米增长至 2020 年的 1069.40 亿立方米，年均增长率达 147.33%。从虚拟水出口来看，2002~2007 年为虚拟水出口增长阶段，增幅 8.13% 达到 29.33 亿立方米的峰值，但此后出口贸易规模下降至 2012 年的 14.61 亿立方米，近三个研究年度有所回升并稳定在 20.00 亿立方米左右；从虚拟水进口来看，虚拟水进口贸易呈持续扩大趋势，并在 2012 年后增速明显加快，进口总量增长 18.51 倍达到 2020 年的 1089.97 亿立方米。

总体来看，中国畜产品虚拟水贸易在研究期内保持逆差扩大趋势，且增速明显加快。从不同畜产品消耗水平来看，每吨牛肉的虚拟水含量高达猪肉的 7.76 倍、禽肉的 9.52 倍，因此虚拟水流量受畜产品贸易结构影响较大。2002~2007 年牛肉、猪肉贸易为净出口，且羊肉、禽肉与原料奶的净进口规模较小，导致这一时期我国畜产品虚拟水净输入规模增幅平缓，五年总增长率仅为 25.79%；但此后随着畜产品全面进入净进口时期，畜产品虚拟水加快流入国内，2012 年相比 2007 年增长 345.10%，远超前一阶段的增长水平。由于牛肉同属碳密集型产品和水密集型产品，因此贸易结构差异对隐含碳和虚拟水的影响效果差异不大，虚拟水贸易的时间序列特征同隐含碳相似。

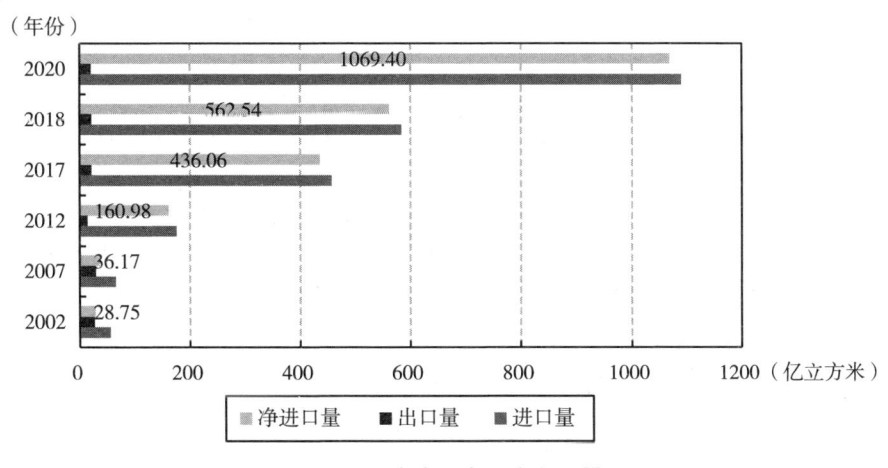

图 6-4 畜产品虚拟水贸易量

6.3.2 虚拟水贸易空间格局

本节同样选取前文述及的 19 个国家和地区进行虚拟水贸易格局分析，2020 年中国共自这些国家和地区进口虚拟水 1088.09 亿立方米，占当年畜产品进口贸易流入虚拟水总量的 99.83%。中国进口虚拟水最多的地区是巴西，以 291.07 亿立方米的虚拟水进口量占据当年畜产品虚拟水总输入量的 26.75%，欧洲则以 184.64 亿立方米的进口规模占当年输入总量的 16.94%，仅次于巴西的进口规模。此外，中国自新西兰、阿根廷、澳大利亚的虚拟水进口规模均超过 100 亿立方米，南美洲、大洋洲和欧洲是中国最主要的虚拟水输入区。

中国同国外广泛的畜产品贸易联系决定了虚拟水来源的多元性。2020 年，中国自南美洲进口虚拟水 525.96 亿立方米，占输入总量的 48.25%，即中国进口畜产品中有近一半的虚拟水来自南美洲；自大洋洲进口虚拟水 259.37 亿立方米，占输入总量的 23.80%，随着中国牛羊肉进口贸易规模的继续扩大，中国自大洋洲及南美洲的虚拟水进口仍有较大增长空间；欧洲则属于中国畜产品虚拟水进口的第三大来源，西班牙、德国、荷兰、法国、丹麦等重要农产品出口国对中国的虚拟水出口规模占欧洲对中国总输出量的 69.26%；自北美洲进口虚拟水 102.50 亿立方米，占输入总量的 9.40%，美国、加拿大分别占北美洲对中国总输出量的 72.64%、17.62%；自亚洲、非洲分别仅进口虚拟水 12.33 亿立方米和 3.29 亿立方米，且主要来自俄罗斯、泰国和南非。

6.4 国际贸易的资源环境贡献

6.4.1 资源贡献与环境贡献分析

畜产品进口增长为减缓国内畜牧业发展的资源环境压力发挥了重要作用。资源贡献率由 2002 年的 0.71% 增长至 2020 年的 16.86%，2020 年为中国畜牧业节水规模达到 1069.40 亿立方米，相比 2002 年增长 36.20 倍。其中，2020 年牛肉进口为国内节水 627.52 亿立方米，奶产品进口为国内节水 194.46 亿立方米，猪肉进口为国内节水 163.95 亿立方米。环境贡献率由 2002 年的 -0.16% 增长至 2020 年的 14.68%，2020 年为中国畜牧业减少碳排放 1947.89 万吨，实现了从负贡献到正贡献的转型并快速扩大。其中，生理型碳排放减量占总减量的 88.80%，由于投入产出表未对不同种类的畜产品作出细分，因此本书着重分析不同畜种的生理型碳排放及其环境贡献率。从生理型碳排放的环境贡献来看，2020 年奶产品环境贡献率达到 31.91%，牛肉环境贡献率为 23.97%，并仍处在贡献率上升阶段。

6.4.2 不同贸易情景下的资源环境贡献

结合中国农业产业模型（CASM）对 2021~2035 年畜产品供需趋势的预测研究（中国农业科学院，2021），本书预测了不同情景下畜产品贸易的资源环境贡献。

1. 情景 6.1：畜产品中位自给

根据 CASM 预测的中国畜产品自给率变化情况，将其设定为畜产品中位自给水平，即畜产品贸易基准情景。在此情景下，2035 年中国猪肉、牛肉、羊肉、禽肉和奶产品的自给率分别为 95.23%、67.04%、93.92%、99.32%、64.39%，畜牧业隐含碳排放量达到 11918.17 万吨，较 2020 年增长 28.95%，虚拟水消耗量 6770.29 亿立方米，较 2020 年增长 28.42%。环境贡献率将达到 17.41%，较 2020 年扩大隐含碳输出 783.36 万吨，资源贡献率将达到 19.08%，较 2020 年扩大虚拟水流入 527.41 亿立方米。

2. 情景 6.2：畜产品低位自给

有多种因素冲击国内畜产品供给能力和自给水平，如国内外畜产品价差悬殊、养殖成本高位运行、突发疫病风险、环保政策约束都对国内畜牧业生产秩序造成冲击，为畜产品稳产保供带来不利影响，并导致畜产品自给水平过低。结合非洲猪瘟疫情对中国猪肉自给率的冲击作用，本书假设中国畜产品低位自给水平较基准情景自给率低 5 个百分点。畜产品低位自给情景的隐含碳排放和虚拟水消耗规模显著低于基准情景，2035 年隐含碳排放量为 11196.61 万吨，较 2020 年增长 21.15%，较基准情景减少 721.56 万吨，虚拟水消耗量 6351.93 亿立方米，较 2020 年增长 20.49%，较基准情景减少 418.35 亿立方米。环境贡献率将达到 22.41%，较 2020 年扩大隐含碳输出 1504.92 万吨，资源贡献率将达到 24.08%，较 2020 年扩大虚拟水流入 945.76 亿立方米。

3. 情景 6.3：畜产品目标自给

《关于促进畜牧业高质量发展的意见》提出中国畜产品自给目标分别为猪肉 95% 左右、牛羊肉 85% 左右、奶源 70% 以上、禽肉基本自给，同时，《推进肉牛肉羊生产发展五年行动方案》明确提出 2025 年牛羊肉自给率保持在 85% 左右。据此，本书模拟了 2025 年实现全部畜产品自给率目标的资源环境消耗及贸易贡献情况。畜产品满足目标自给情景的隐含碳排放和虚拟水消耗规模高于基准情景，2035年隐含碳排放量为12545.39万吨，较2020年增长35.74%，较基准情景增加627.21万吨；虚拟水消耗量7370.89亿立方米，较2020年增长39.81%，较基准情景增加600.61亿立方米。环境贡献率降至13.07%，较2020年扩大隐含碳输出156.15万吨；资源贡献率降至11.91%，较2020年减少虚拟水流入73.20亿立方米。

4. 情景6.4：畜产品完全自给

假设受全球性疫病流行或贸易环境恶化等因素影响，阻断中国畜产品进口贸易渠道，中国畜产品完全依赖国内资源环境生产供给，将急剧升高国内资源环境压力，推高畜产品消费价格，影响社会民生。因此，本书提出畜产品完全自给假设，模拟这一情景对国内畜牧业资源环境的压力。畜产品完全自给情景的隐含碳排放和虚拟水消耗规模显著高于其他任何情景，2035年隐含碳排放量为14431.20万吨，较2020年增长56.14%，较基准情景增加2513.03万吨；虚拟水消耗量8367.09亿立方米，较2020年增长58.71%，较基准情景增加1596.80亿立方米。此时，环境贡献率和资源贡献率均降至0，畜牧业生产完全依赖国内资源环境要素。

图6-5、图6-6为以上四种情景下畜牧业隐含碳排放和虚拟水消耗。

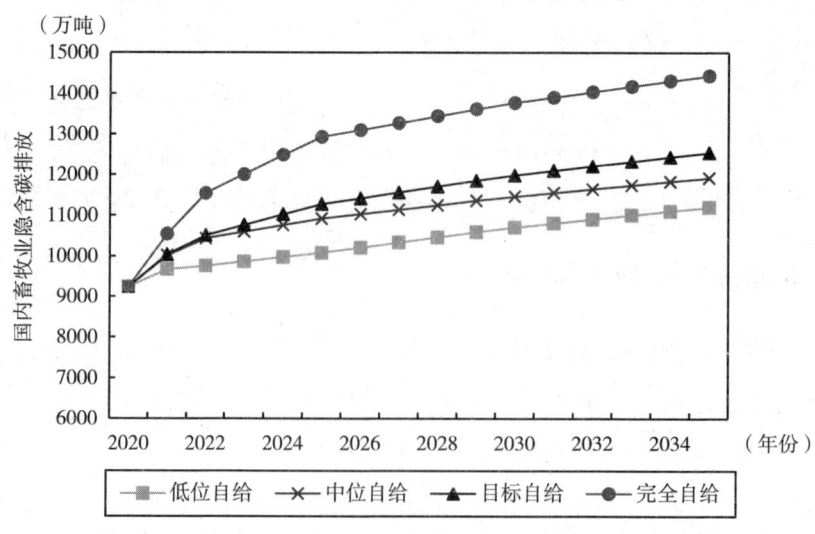

图6-5　2020~2035年四种模拟情景下中国畜牧业隐含碳排放

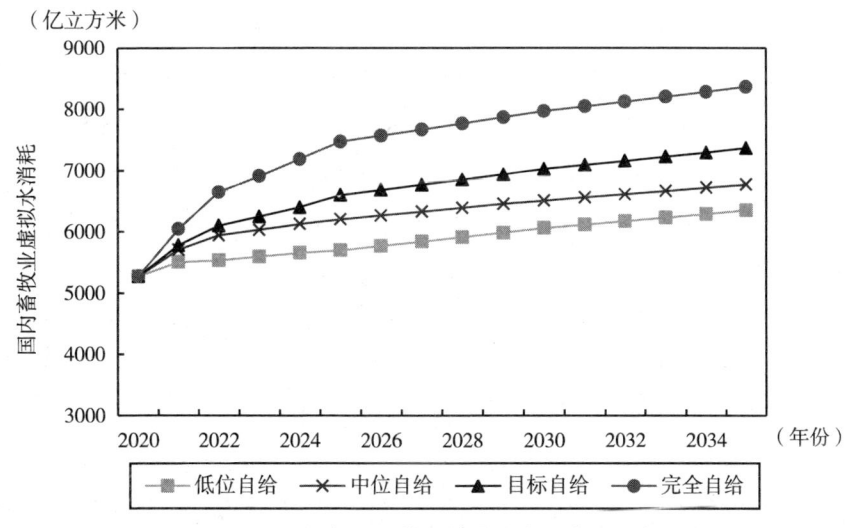

图 6-6　2020~2035 年四种模拟情景下中国畜牧业虚拟水消耗

6.5　国际贸易对协调发展的影响分析

同政府规制一样，国际贸易无法直接影响畜牧业与资源环境的协调发展水平，其影响机理和作用效果具有间接性特征（见图 6-7）。与政府规制所不同的是，国际贸易主要通过转移资源环境负荷影响协调发展水平，当畜产品处于净进口状态时常表现为资源环境负荷向外转移，当畜产品处于净出口状态时则表现为资源环境负荷向内转移。

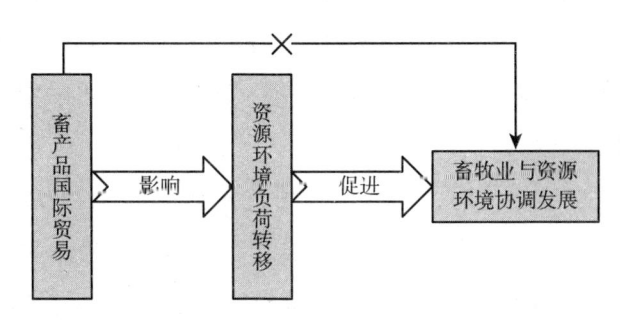

图 6-7　畜产品国际贸易对协调发展的影响

依据畜产品国际贸易的资源环境效应来看，畜产品进口增长有力促进了我国畜牧业与资源环境协调发展。对不同贸易情景对比分析发现，倘若实现畜产品完全自给，2020年我国畜牧业生产将在现有水平上扩大1069.40亿立方米的水资源消耗和1947.89万吨的碳排放，大幅增加畜牧业乃至全国社会经济系统的资源环境压力。国际贸易影响畜牧业与资源环境协调发展水平的实质为对资源环境要素流动的影响，我国不断扩大的畜产品进口规模特别是牛肉进口规模增加直接推动了畜牧业资源环境负荷输出，有力减缓了国内畜牧业资源环境压力，成为当前促进我国畜牧业与资源环境协调化的重要因素。

6.6 本章小结

本章探究了国际贸易对我国畜牧业与资源环境协调发展的影响，且受制于影响机制的间接性特征，重点分析了畜产品进出口贸易的资源环境效应。研究认为，国际贸易对协调关系的影响集中表现为资源环境效应，资源环境贡献率的扩大是国际贸易促进协调发展的重要体现。因此，本章采用IO-LCA模型和虚拟水方法测算了畜产品进口所替代的资源消耗、环境排放及资源环境贡献率，以此判断畜产品国际贸易对我国畜牧业与资源环境协调发展的主要影响。本章主要得出以下结论。

（1）随着进口规模扩大，隐含碳、虚拟水贸易量快速增长，2020年中国畜产品进口贸易共计造成2353.90万吨的隐含碳出口、1088.09亿立方米的虚拟水进口，隐含碳净出口量和虚拟水净进口量分别高达1947.89万吨、1069.40亿立方米。

（2）从贸易格局来看，隐含碳主要流向南美洲（40.17%）、大洋洲（29.84%）和欧洲（19.48%），出口隐含碳最多的地区为巴西（21.81%）；虚拟水主要来自南美洲（48.25%）、大洋洲（23.80%）和欧洲（16.97%），进口虚拟水最多的地区为巴西（26.75%）。

（3）畜产品进口增长为缓解国内畜牧业发展的资源环境压力发挥了重

要作用，资源贡献率由 2002 年的 0.71% 增长至 2020 年的 16.86%，环境贡献率由 2002 年的 -0.16% 增长至 2020 年的 14.68%。未来畜产品进口将对中国畜牧业资源环境系统继续发挥重要贡献，特别是在实现畜产品自给目标的情景下，2035 年进口畜产品的隐含碳排放量和虚拟水消耗量将较 2020 年分别继续增长 35.74%、39.81%。总体来看，畜产品进口增长促使资源环境要素跨国转移，有力缓解了国内畜牧业发展的资源环境压力，成为推动我国畜牧业与资源环境协调发展的重要外因。

第 7 章

畜牧业与资源环境协调发展的案例与路径

前文研究结果已经表明,我国畜牧业与资源环境尚处失调状态,强化政府规制与扩大进口规模都能够对增进协调发展产生积极作用。在此基础上,科学谋划畜牧业与资源环境协调发展路径对有效破解资源环境约束和实现畜牧业绿色高质量发展具有深远意义。因此,本章将基于在山东、青海等地的实地调研资料总结畜牧业与资源环境协调发展的典型案例,进一步凝练协调发展的优化路径。

7.1 研究方法

在协调测度、协调干预分析的基础上,本书的落脚点是如何实现协调发展的问题。我国畜牧业的长期生产实践积累了大量典型案例,为探索协调发展路径提供了宝贵经验。

7.1.1 案例研究

案例研究在构建、验证理论等方面具有重要作用,并且能够紧密结合实践回答"是什么""怎么做"等问题。本章一方面需要对理论框架中的畜牧业与资源环境协调关系进行验证，明确畜牧业与资源环境的作用机理；另一方面，还需要对畜牧业与资源环境协调发展的实现路径进行探索与构建，从实践和机理层面回答我国畜牧业与资源环境究竟如何协调发展的问题。因此，案例研究方法适合本章的协调路径问题探讨。

7.1.2 案例选择

本章选择了牧区畜牧业（青海）和农区畜牧业（吉林、山东、山西）两组案例。在案例选择过程中，主要出于以下标准：一是案例选择范围具有全面性，涵盖我国主要的畜牧业生产类型，能够体现农区、牧区等不同区域差异化的畜牧业特征；二是畜牧业生产与资源环境具有冲突性，在发展过程中能够产生比较明显的资源环境矛盾；三是畜牧业与资源环境具有协调发展趋势，已经探索形成相对成熟的协调发展经验。为此，笔者先后赴青海、山东等地开展实地调研，对大量农牧户、养殖场、牧业公司进行访谈交流，丰富案例体系内容。

7.1.3 资料收集

案例研究的数据资料来源主要包括相关文献、企业档案、访谈记录、实地观察、参与性观察和实物证据等途径（Yin，1994）。为增强案例研究的效度，本书采用一手资料与二手资料相结合的方法。其中，一手资料的来源主要包括实地观察和现场访谈，对案例样本单位进行调查获取相关信息；二手资料的来源主要包括相关文献、企业档案，通过网络等信息平台收集相关资料。一手资料的收集过程与主要内容见表7-1。

表 7-1　　　　　　　　　　案例资料采集过程

调研时间	调研地点	调研内容
2020 年 5 月 1 日—8 日	山东省德州市	农区畜牧业生产与资源环境状况
2020 年 8 月 9 日—15 日	青海省祁连县	牧区畜牧业生产与资源环境状况、放牧型人工草地利用状况
2021 年 4 月 6 日—9 日	吉林省白城、松原、四平	农区畜牧业发展与乡村振兴推进状况
2021 年 9 月 5 日—11 日	青海省祁连县	牧区畜牧业生产与资源环境状况、气候智慧型草地生态系统管理项目
2021 年 9 月 22 日—25 日	山西省孝义市、祁县	畜牧业绿色发展模式及成效

7.2　牧区畜牧业"三生"协调与融合发展

笔者于 2020 年 8 月和 2021 年 9 月两次分赴青海省祁连县野牛沟乡、默勒镇开展实地调查，总计完成牧户访谈 116 户，围绕"牧民—牧业—资源环境"协调关系开展了放牧型人工草地、气候智慧型草地生态系统管理等主题调研。

7.2.1　牧区畜牧业与资源环境失调表现

牧区畜牧业与资源环境的协调关系主要历经协调期、失调期、恢复期三个阶段的演变（见图 7-1）。在协调期，牧民过着鲜为外界干预的游牧生活，采取轮牧、休牧的生产方式，比较重视养殖规模与草地资源的协调关系，牧群养殖规模以满足家庭生计需要为主，总体呈现草畜协调的发展状态。自 20 世纪中后叶开始，市场化浪潮的冲击逐渐打破游牧民族闭合的生产生活状态，外界日益增长的市场需求诱发牧区牛羊养殖规模攀升，汽车等不断涌入的现代工业元素彻底扭转了牧民生活方式，教育、医疗、交通、生活等各项成本增长对牧民生产规模提出了更高的要求，导致草畜矛盾持续激化，畜牧业与资源环境的关系转为失调阶段。到 20 世纪末，植被退化、土地沙化等草原生态问题引起牧民、学者、政府等各类社会群体的深刻反思，尽管这一时期市场化冲击仍在加剧，但转型牧业生产方式、重视草畜平衡的发展理念逐步确立起来，畜牧业与资源环境的协调关系呈现恢复倾向。

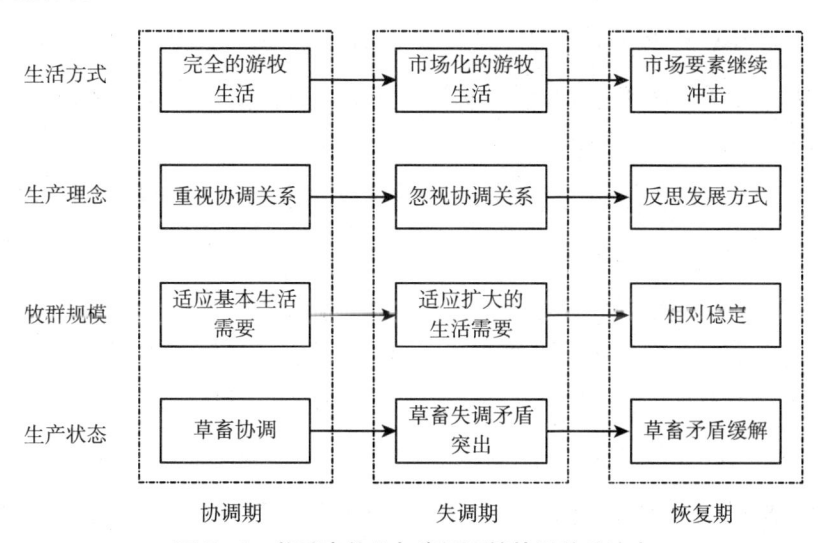

图 7-1 牧区畜牧业与资源环境协调关系演变

总体来看，牧区畜牧业尤其是"生活—生产—生态"的矛盾依然突出，基于在祁连县野牛沟乡和默勒镇的调查发现，当地畜牧业与资源环境关系失调主要表现在以下方面。

一是牧民生计、牧业生产与草地资源的矛盾突出。相对过去骑马放牧的方式，现代牧民主要依靠汽车和摩托车出行，多数牧民年燃油成本在 1.5 万元甚至 2 万元以上，燃煤成本在几千元至 1 万元之间，建设棚圈、机井等物质资本投入均对牧民生计成本产生重要影响，出于生计增长的需要，牧民不得已持续扩大牛羊养殖规模，这与原有的草地资源生产力相矛盾。因此，日益增长的牧民生计从需求侧拉动牧业生产扩张，相对有限的草地资源从供给侧抑制牧业生产规模扩张，两者相反的作用方向导致畜牧业与资源环境关系失调。

二是禁牧造成草地生态系统断裂。禁牧是应对过度放牧致使草原退化的有效手段，但在一些地区也产生了负面作用。野牛沟乡和默勒镇处在祁连山腹地，国家草原生态保护补奖政策等禁牧措施相对严格，部分常年禁牧区域出现毒草丛生、牧草退化等现象，彻底禁牧切断了草原生态系统原有的物质循环链条，同时产生牧民生计脆弱、草地资源紧缺等问题。很多牧民并不支持禁牧政策，其主要原因有禁牧款并不足够支付牧草采购成本、长期禁牧区出现明显的植被退化等。牧民表示，"牧草和牛羊之间是有相互关系的，牛羊不去吃草，那牧草也长不好，既缺少了牛羊粪肥的养分，也缺少了对杂草和毒草的抑制"。

三是牧民逐渐依赖买草养畜。自2015年前后开始，当地牧民每年秋季至刚察县购买牧草运回以保障冬季养畜需要，尽管这在一定程度上缓解了冬季牧草短缺的现状，但在更深层次上揭示了牧区草畜失调的本质，长期依赖"买草养畜"的生产模式难以持续。冬季极端冰雪天气增加、牧群规模扩大等因素是导致牧民采购牧草的主要原因。

四是气候变化正在加剧。牧区畜牧业与资源环境失调不仅表现在草地资源对畜牧业支撑能力下降的方面，更体现为气候变化背景下当地整个资源环境系统出现改变。在对80岁以上的老年牧民访谈时发现，当地大量雪山已经消失、河流水量大幅减少、平均气温有所上升、旱涝灾害交替出现、冬季极端雪灾频率增加，这些气候变化现象特征进一步冲击了畜牧业与资源环境的协调关系（见图7-1）。

7.2.2 生活、生产与生态协调发展的措施

为有效应对牧区以草畜失调为主要表现的畜牧业与资源环境失调问题，农业农村部、青海省牧科院等多个部门在当地实施气候智慧型草地生态系统管理、人工草地培育等项目，主要措施包括推广人工种草、实施免耕补播和春季休牧、开展鼠害防治、组织牧民培训等内容，旨在通过扩大牧草生产、改善草原生态的方式提高草地资源生产力，适应牧民生计需要。具体来看，这些应对措施及对协调关系的作用集中体现在以下四个方面。

1. 通过人工种草扩大牧草供给能力

有关项目措施包括建设放牧型或收割型人工草地、推广圈窝种草等，其中人工草地主要通过耕地、播种等方式在黑土滩及其他严重退化草地栽培早熟禾等牧草品种，圈窝种草主要是在光照和热量相对充沛的夏秋季闲置棚圈种植燕麦草，这些措施都对缓解牧草短缺问题起到了一定作用。从访谈过程中可以发现，牧民对人工种草的期望与评价都很高：

"曾经这里都是一大片的黑土滩，后来政府来给种上草了，没想到能长这么好，和附近草地对比就能看出很明显的效果。"（资料来源：对牧民 E 的访谈）

"我们村成立了合作社，在每年的 9~10 月牧户轮流进入人工草地放牧，每个牧户能进去的牛羊数量是一样的，并且在里面放牧的时间也是相同的，牛羊进去吃几天增肥的效果很好。"（资料来源：对牧民 B 的访谈）

"我记得小时候黑土滩都是一小块一小块的，后来就变成一大片了，到了冬天春天风沙特别大，后来他们在黑土滩上种草成功了，既治理了风沙也增加了牧草。"（资料来源：对牧民 D 的访谈）

很多没有享受到人工种草福利的牧民希望能够获得人工草地的好处，但受制于技术、资金等要素不足，牧民的种草实践大多以失败告终。牧民 H 表达了自己的希望：

"前年，我和村里几个人合伙买草种、租机械在这片黑土滩上种草，但你看现在这片黑土滩没有任何变化，当年种的草没出多少苗，后来也全死了，要是能有人来指导我们怎么种草就好了。"（资料来源：对牧民 H 的访谈）

人工种草缓解了牧草资源短缺的现象，具有很高的经济效益和生态效益，但在财政扶持和基础支撑力度不足的情况下，仍处于试验探索阶段的人工草地对改善整个区域畜牧业与资源环境失调关系的作用效果无疑是有限的。

2. 通过免耕补播、春季休牧改善草地生产能力

免耕补播是退化草原植被修复的关键技术，能够在不破坏或少破坏草原植被的条件下，通过补播适宜的优良草种达到改善草地质量、提高草地牲畜承载力的目的。春季休牧则是选择牧草发芽、生长的关键阶段进行适当休牧减轻牲畜采食、践踏对牧草的破坏，保障牧草春季顺利生长。免耕补播和春季休牧对抑制草地生态退化、促进草地生产力提升具有重要的积极意义，实施以来在恢复植被盖度、扩大土壤碳汇、丰富生物多样性等方面发挥了重要作用。从牧民态度及认知的角度来看，免耕补播和春季休牧政策能够获得多数牧民的支持：

"免耕补播和春季休牧政策实施的时间不长，但效果还是很明显的，相对没有实行免耕补播和春季休牧的草地，确实能长得好很多。"（资料来源：对牧民 G 的访谈）

"实施免耕补播后，牛羊能吃的牧草越来越多了，我们家希望能够扩大免耕补播的面积。"（资料来源：对牧民 C 的访谈）

免耕补播、春季休牧直接切入了牛羊牧草需求和草地资源供给的矛盾，在维护原有草地植被的前提下促进草地生产力恢复和提升，拉动牧草资源供给能力向牧草资源需求水平靠拢。

3. 开展鼠害防治改善草地生态

鼠兔泛滥对草地植被造成严重危害，近年来草原站等有关部门在当地开展集中灭鼠活动，对恢复草原生态发挥了一定作用，有利于构建协调的畜牧业资源环境体系。牧民期望持续开展更强力度的灭鼠措施：

"曾经没有过这么多的鼠兔，最近几年特别多，到处盗洞，把草皮全挖坏了，这么大的数量，我们自己也没有办法去消灭他们，去年有人过来灭鼠，有一些效果，但范围还不够大，很多没有灭鼠的地区

还很严重,希望政府能增派人手扩大范围。"(资料来源:对牧民F的访谈)

4. 加强宣传教育和组织培训

实现畜牧业与资源环境协调发展,关键在人。调查发现,当地各级部门组织了大量的牧民生产技能培训和宣传教育工作,针对天然草地管理、栽培草地种植技术管理、家畜营养调控管理、养殖规模与生产方式等内容组织牧民进行技能培训,在扭转牧民生产观念、增强牧民生产管理技能等方面发挥了重要作用。牧民T描述了教育和培训对其产生的具体影响:

"政府给我们提供了学习的机会,之前放牧全靠经验,现在政府的人跟我们讲了很多技术,比如冬季舍饲圈养,比如怎么种草,怎么管理草地,这些技术都很实用。"(资料来源:对牧民T的访谈)

还有牧民认为现在接受培训的技术还比较有限,提出了一些建议:

"我们在种草等过程中遇到了很多问题自己不能解决,希望政府能够提供更多的培训机会和平台,能够帮助我们解决更多的问题,实现科技养畜。"(资料来源:对牧民B的访谈)

总体来看,在这一案例中发现的措施主要从两个层面化解畜牧业发展与资源环境失调的现象:一方面通过扩大牧草资源供给来解决畜牧业需求与草地资源供给的矛盾;另一方面则借助牧民观念的转变推动当地牧业转型升级,在传统放牧的基础上扩大科技支撑以应对资源环境挑战。这些措施的实施,有利于增强牧区资源环境系统的承载能力,支撑畜牧业生产规模扩张,进一步满足牧民日益增长的生计需求,推动畜牧业与资源环境协调发展,逐步达到生活、生产与生态"三生"协调与融合发展的目的(见图7-2)。

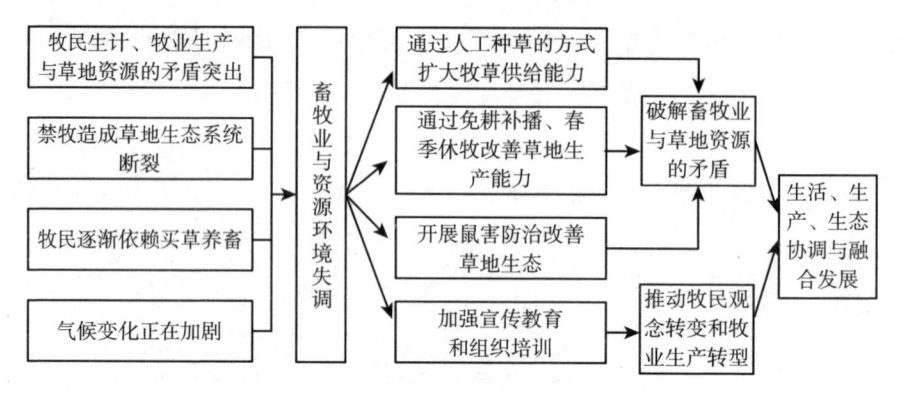

图 7-2 牧区畜牧业与资源环境失调表现与应对

7.3 农区畜牧业的种养结合实践经验

2020～2021 年，笔者先后三次赴山东、吉林、山西等地调研农区畜牧业发展现状及其与资源环境的协调关系，总计完成生猪、肉鸡、肉牛、肉羊等养殖场（户）及养殖企业 35 家，最终系统归纳出具有农区特征的畜牧业发展案例。

7.3.1 农区畜牧业与资源环境失调表现

牧区畜牧业与资源环境失调主要体现为牧草资源短缺及其引发的系列矛盾，而农区畜牧业与资源环境的失调更多表现在种养分离和养殖污染等层面。山东、吉林、山西均为我国重要的畜牧业生产大省，尤其是山东的主要畜禽存出栏量均居全国前列，在发展过程中所暴露出来的畜牧业与资源环境失调问题比较突出。改革开放后，作为重要的家庭副业，以农户散养为主体的农村畜牧业在一定时期内取得了快速发展，但到 20 世纪末左右，伴随乡村人口的大量流失，农村散养型畜牧业逐渐凋敝，取而代之的是以规模化为主要特征的现代集约型养殖。基于案例调查，归纳认为农区畜牧业与资源环境失调主要表现在以下方面。

1. 畜禽粪污导致环境污染

畜禽粪污导致的环境问题是农区畜牧业与资源环境失调最主要的表现。很多大中型养殖场缺少配套的粪污处理设施和固定的销售渠道，畜禽粪污无法及时清理、储存、加工和运输，对土壤、水源、空气造成不同程度的负面影响。在调查的35家养殖单位发现，有近一半的养殖单位畜禽粪污不能够得到及时处理，且对周边环境造成明显污染。

2. 粮草价格大幅上涨

尽管调查期间并未出现买粮难、买草难的现象，但粮草价格大幅上涨暴露出饲料粮、牧草供不应求的矛盾。部分养殖户表示近两年玉米、豆粕、青贮玉米涨价幅度在5%~25%，拉动养殖成本大幅上涨，造成从业者扩栏积极性明显降低。

3. 养殖用地审批困难

耕地资源尤其是后备耕地资源不足是我国面临的突出问题，在粮食生产用地本就紧缺的情况下畜牧业养殖用地更显窘迫。尽管非洲猪瘟疫情发生后，国家放宽生猪养殖用地审批，但牛羊等其他畜禽种类的用地矛盾依然突出。部分牛羊养殖户表示想要扩大养殖规模，但苦于土地审批困难。

7.3.2 种养结合及其对协调发展的作用

农区畜牧业与资源环境失调问题的实质在于畜牧业与种植业发展方向的偏离，不仅表现在生产布局方面的错位，还体现为要素循环系统的断裂，种植业系统失去了畜牧业系统的养分补给但仍要满足畜牧业的要素需求。针对这种问题，有关部门积极推广畜禽粪污资源化利用和发展种养结合，以破解种养分离所造成的资源不足、污染加剧等问题。当前已经发展出多样化的种养结合模式，其实质都是促进种、养两大系统之间的要素流动和优势互补，提高作物秸秆和畜禽粪污的资源化利用效率。结合调查的案例资料来看，种养结合主要在以下两个方面促进了畜牧业与资源环境协调发展。

1. 通过治理环境污染促协调

发展种养结合不仅为养殖单位拓展了畜禽粪污处理渠道，还为种植业系统建立起有机肥供应体系，在解决环境污染的同时保障了种植业养分供给。以生猪养殖场 A 为例，该养殖场为破解养殖污染问题，实施以"固液分离＋液体发酵＋农田施肥"为核心的粪污循环利用处理工艺，对生猪粪便和污水采用固液分离机进行分离，其中，固体加工为有机肥对外销售，液体收集至发酵池发酵后用于周边配套农田施肥，成功打造为生猪生态种养一体化基地。

2. 通过保障资源供给促协调

发展种养结合能够扩大饲料粮和牧草的有效供给，提高粮草资源供给波动的应对能力。以奶牛养殖场 B 为例，为破解优质牧草资源短缺的问题，该养殖场在周边耕地种植粮饲兼用型玉米1500亩，每亩可生产青贮饲料 3 吨左右，可满足牧场全年的青贮饲料需求，在避免采购成本增长的同时，促进奶牛单产水平和生产效益明显增长，每头奶牛年可增加收益 3000元左右。此外，"粮改饲"政策拉动区域性草畜优化配套，为畜牧业与资源环境营建了良好的协调发展环境（见图 7-3）。

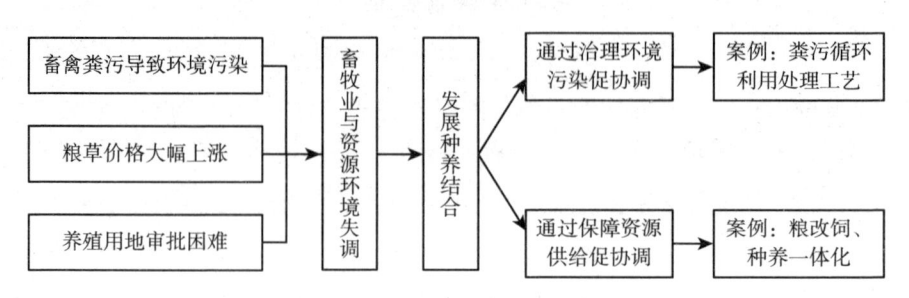

图 7-3 农区畜牧业与资源环境失调表现与应对

7.4 畜牧业与资源环境协调发展的优化路径

7.4.1 畜牧业与资源环境协调发展的主要路径

牧区和农区的两组案例从不同角度提供了我国正在实践的畜牧业与资源环境协调发展经验，对优化畜牧业与资源环境协调关系具有积极意义。从实践来看，推动畜牧业与资源环境协调发展具有三条路径：一是实施畜牧业生产转移，压缩区域内的畜禽生产规模，使其向资源环境承载容量靠拢；二是通过提高资源生产力和环境消纳水平来扩大资源环境承载容量，改善资源环境承载状态；三是改善畜牧业与资源环境的作用关系，在畜牧业与资源环境之间建立相对闭合的循环体系，增强畜牧业与资源环境的耦合协调水平。结合庞大的动物蛋白需求规模来看，第一条路径在更广的范围内不具有可行性，尽管在北京、上海等发达地区通过畜牧业生产转移有效治理了资源环境问题，甚至出现承载容量反超生产规模的现象，但保障畜产品有效供给绝不能依赖转移畜禽生产，而是需要在考虑资源环境承载能力合理布局的情况下尽可能通过第二条和第三条路径达成协调关系，这就对资源环境系统本身以及畜牧业同资源环境的关系提出了更高的要求。第二条路径在农牧区的畜牧业生产实践中都已经取得了广泛应用，如免耕补播、人工种草、"粮改饲"等都能够提高畜牧业资源环境承载力，支撑更大规模的畜牧业生产。种养结合则是第三条路径的重要表现，能够重新优化配置畜牧业与资源环境之间的组合关系，增强两大系统之间协调性能。在推进畜牧业与资源环境协调发展路径实施的过程中，需要重点关注"木桶效应"和品种差异，"木桶效应"要求特别关注畜牧业资源环境的主要短板，寻求破解约束性的资源环境要素，品种差异则是需要依据区域资源环境特征合理布局适宜的畜禽品种，构建与资源环境承载力相协调的畜牧业生产布局。

7.4.2 畜牧业与资源环境协调发展的优化方向

立足于提高承载力和改善作用关系两个主要路径，本书认为应当从生产方式和生产关系两个层面促进畜牧业与资源环境协调发展。

1. 生产方式层面：鼓励发展与资源环境相协调的生态畜牧业

转变生产方式是适应资源环境约束趋紧、谋求可持续性畜牧业高质量发展道路的关键。生产方式层面，应当在规模经营、集约经营的基础上回归种养结合与农牧循环，遵循生态系统的生态位原理、食物链原理、物质循环再生原理和物质共生原理，打造畜牧业生产与山水林田湖草生命共同体相协调的生态畜牧业。

生态本身就强调自然系统相互依存、密切联系。发展与资源环境相协调的生态畜牧业，需要围绕三个方面进行：一是要把畜牧业与资源环境置于一个统一体，从系统工程和全局角度寻求新的治理之道，不能把发展畜牧业、治理畜牧业资源环境、治理资源环境系统分割成多个方面，畜牧业发展与资源环境治理各管一摊、相互掣肘，必须贯彻统筹兼顾、整体施策、多措并举的系统发展理念，真正意识到畜牧业与资源环境的整体性和统一性；二是深入实施畜牧业资源环境生态保护与修复，既要加大对草原、土壤、水体等畜牧业资源环境的保护力度，也要转变"唯保护至上"的传统思维，落实保护与修复并重、生态与发展协调的现代生态发展理念，形成生态环境优美、产业发展蓬勃的资源环境协调型畜牧业发展体系，打造具有高效生产力和生态效益的精品草原和农区牧业集群；三是总结、推介一批具有成熟经验的生态畜牧业发展模式，为转型畜牧业生产方式提供路径借鉴，形成生态优先的畜牧业发展导向，向生产者清楚呈现并明确回答生态畜牧业如何生产、如何发展等具体问题，深入探究不同模式的运行条件和运行机制，为更广泛的生态畜牧业发展提供方式指导。

2. 生产关系层面：构建畜牧业资源环境产权制度和生态补偿体系

调整生产关系是扭转落后发展理念、杜绝"公地悲剧"问题的现实途径。生产关系层面，应当加快公共资源环境领域的产权制度改革，推动形成明晰、完整的资源环境产权制度，从畜禽养殖粪便资源化利用等突出问题入手，以清晰产权的手段化解资源环境主要矛盾，尝试建立并完善畜牧业领域的资源环境与生态补偿制度。

2018年开始实施的养殖环保税是调整畜牧业生产关系的重要实践，其实质是把畜牧业环境问题内化为畜牧业养殖成本。此外，早在2011年开始实施的草原生态保护补奖制度，同样是中国构建畜牧业生态补偿机制的有益尝试。但现有政策存在诸多问题，如草原生态保护补奖政策在很大程度上倾向惠农，反而对草原生态保护的效果不佳，中国仍然需要构建一套健全、合理并能成体系的畜牧业资源环境产权制度和生态补偿机制。一方面，要做好资源环境产权界定、产权配置、产权交易和产权保护等工作，建立资源环境产权制度有助于把资源环境供给主体由政府向养殖场等企业转移，促使企业利益目标与社会利益目标趋向一致并提高资源环境开发利用效率，矫正扭曲的利益分配关系；另一方面，支持畜产品主销区通过资源环境补偿、建立跨区合作养殖基地等方式支持主产区发展现代绿色畜牧业，由主产区与主销区共建畜牧业资源环境和生态长效补偿机制，中国在构建畜牧业生态补偿机制过程中，还要特别明确生态补偿的内涵和实质、注重制度创新、促进政府补偿与市场交易有机融合，切实保障效益、效率和公平等畜牧业价值目标的充分实现（见图7-4）。

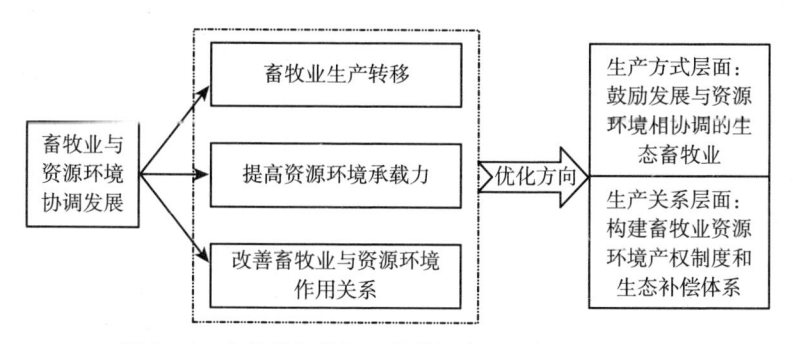

图7-4 畜牧业与资源环境协调发展路径及优化方向

7.5 本章小结

推进畜牧业与资源环境协调发展是一项长期性的任务，其实质是循序渐进转型畜牧业发展方式，使畜牧业生产布局同资源环境承载能力相适应。本章通过农区和牧区的两个案例研究表明，在牧区着重推进"三生"协调、在农区重点发展种养结合是迎应畜牧业资源环境矛盾所采取的相对有效的破解方案，两种案例分别聚焦了农牧区不同的资源环境问题并实现了有针对性的治理。两个案例启发我们，在畜产品刚性需求增长畜牧业生产规模保持稳定的前提下，只有两条符合现实的路径值得考虑并应纳入畜牧业的发展规划，一是"挖潜"——尽可能在可持续发展原则下推动资源生产力进一步提升，并使环境消纳能力获得改善；二是"转轨"——改善畜牧业与资源环境的作用关系，在畜牧业与资源环境之间建立相对闭合的循环体系，增强畜牧业与资源环境的耦合协调水平。基于这两种路径思考，本章提出在生产方式层面鼓励发展与资源环境相协调的生态畜牧业，在生产关系层面构建畜牧业资源环境产权制度和生态补偿体系两种优化方向。

# 第 8 章

研究结论与政策建议

从古至今，保障食物安全都至关重要，但食物供给体系一旦与支撑其的资源环境体系严重失调，食物安全的堡垒便会不攻自破。近几十年来，人类膳食食谱发生了重大转变，特别是在中国，动物蛋白消费比重大幅提高，对原有的资源环境系统造成新的压力。为此，本书构建起畜牧业与资源环境的协调标准并阐述了畜牧业与资源环境失调的缘由，围绕"协调发展的测度、协调发展的干预、协调发展的路径"这一逻辑主线展开系列研究，基于承载均衡标准测算了畜牧业与资源环境的协调发展水平，分析了政府规制和国际贸易对协调发展的主要影响，结合农牧区实践案例描绘出中国畜牧业与资源环境协调发展的路径方向。本章将对前文研究内容作总结归纳，对本书的未尽事宜和研究感悟进行深刻讨论。

8.1 研究结论

我国畜牧业与资源环境失调的问题依然严峻，政府规制和国际贸易等因素对两者的协调发展具有深刻影响，农牧区畜牧业生产实践为推动协调发展积累了丰富经验，协调资源环境特征推动协调发展是畜牧业的重要方向。

第一，畜牧业与资源环境协调关系测度结果表明，全国畜牧业与资源环境由低度协调提升并稳定于中度协调状态。承载力现实值由2001年的0.5638增至2019年的0.5851，考虑理想承载力后全国及3/4的省份仍表现为资源环境超载状态；2017~2019年可承载蛋白当量平均规模较2001~2003年扩大35.51%达到1845.81万吨，但依然超载72.15万吨；全国平均协调度已稳定在0.920上下，多数省份具有协调化倾向；协调度具有变弱的空间自相关性，经济发展水平等因素对协调度具有显著影响。

第二，从政府规制来看，通过动态奖惩机制等方式加强环保约束有助于增进畜牧业与资源环境协调状态。当不考虑环保政策趋严时，复制动态系统不存在演化稳定状态，考虑环保政策趋严后的复制动态系统螺旋式收敛于稳定均衡点，加强环保约束有助于畜牧业绿色发展；企业绿色发展的概率与罚款下限正相关，与环保税率、额外收益、奖励上限在一定范围内正相关，地方政府加强监管的概率与环保税率、额外收益、罚款下限、奖励上限负相关；优化关键参数设计有助于提升系统效率并增加企业绿色发展、政府放松监管的概率。

第三，从国际贸易来看，畜产品进口增长为缓解国内畜牧业的资源环境压力和促进畜牧业与资源环境协调发展发挥了重要作用。资源贡献率由2002年的0.71%增长至2020年的16.86%，环境贡献率由2002年的-0.16%增长至2020年的14.68%。未来畜产品进口将对中国畜牧业资源环境系统继续发挥重要贡献，特别是在实现畜产品自给目标的情景下，2035年进口畜产品的隐含碳排放量和虚拟水消耗量将较2020年分别继续增长35.74%、39.81%。总体来看，畜产品进口增长促使资源环境要素跨国转移，有力缓解了国内畜牧业发展的资源环境压力，成为推动我国畜牧业与资源环境协调发展的重要外因。

第四，案例研究和路径分析表明，我国在畜牧业与资源环境协调发展方面积累了丰富经验，继续优化生产方式和生产关系有助于推动协调发展。通过实地调查和案例分析发现全国不同区域通过免耕补播、人工种草、生态防治、"粮改饲"、种养结合等多种措施改善畜牧业与资源环境的协调关系，并逐渐形成畜牧业生产转移、提高资源环境承载力、改善畜牧业与资源环境关系三条路径。推动畜牧业与资源环境协调发展，需要在生产方式层面鼓励发展与资源环境相协调的生态畜牧业，在生产关系层面构建畜牧业资源环境产权制度和生态补偿体系。

8.2 政策建议

第一，依据资源环境特征优化畜禽生产布局。畜禽区域专业化生产是耦合协调发展的重要积极因素，继续优化畜牧业布局将有助于巩固提升地域生产优势。一个地区的畜牧业生产应当坚持市场导向，但不能"唯市场导向"，要充分考虑地区的资源环境特征，建立区域资源环境与主导畜禽布局相匹配的生产关系，形成资源、市场等多维目标导向的发展结构。因此，应当充分开发区域资源优势，积极提升资源环境利用效率，并依据全面的区域资源环境评价和畜牧业发展适宜性评价构建功能完备、布局合理的现代畜牧业生产体系。具体来看，应当紧密结合区域资源环境禀赋合理分配畜禽品种，在编制区域畜牧业发展规划时应当把资源环境承载力作为一项重要指标纳入规划编制范畴，关注"木桶效应"对区域畜牧业发展的长期影响。同时，推动畜牧业与资源环境协调发展的实质是促使两者发展关系协调，要避免区域畜牧业发展过程中的极端性思想，充分汲取各类疫病防控经验，结合资源环境承载力适度保障大都市地区的畜产品自给能力。

第二，重点推进粮食主产区农牧循环绿色发展。农牧循环、种养结合是破解农业废弃物环境污染问题、提升资源化利用效率的有效途径。粮食主产区在产业发展、农民增收和面源污染等方面存在多重难题，农牧分离更进一步抑制农业资源利用效率和牧业生产效率，农业发展的资源环境矛盾突出。在粮食主产区重点推进农牧循环绿色发展战略，一方面能够促进当地农牧业绿色循环发展，大幅提升资源利用效率和生产效率；另一方面还能够促进乡村产业繁荣和农民增收。同时，要把畜禽粪污治理和资源化利用的工作重点从畜禽生产端复制到种植业生产端，实行畜禽端收集处理和作物端高效利用的"两端并进"工作模式，把种养结合任务深化到高标准农田建设中来，探索"以种养结合促高标准绿色农田"的发展模式。因此，建议围绕种养循环、农牧结合模式鼓励探究大田作物生产状态下的有机肥研发和推广使用体系，在成本可控、经济可行的基础上优化种植业与养殖业的关系。

第三，统筹谋划相对稳定的养殖环境整治策略。强化养殖环境整治是适应生态文明战略的必然选择，是推进畜牧业由传统粗放发展转型现代以提质增效为导向高质量发展的必然途径。要把畜禽养殖环境治理作为一个常态化的工作任务，不能"刮一阵风"，更不能"因噎废食"，保障政策在一定时期内的相对稳定。统筹谋划养殖环境治理的政策体系，做到养殖环境整治工作有规可循、有法可依，既能做到全国政策体系一盘棋，又能够充分结合地方实际灵活变通，严防政策执行过程"一刀切"。积极通过技术创新、模式创新和制度创新探索畜禽养殖环境治理的新路径，完善多层次的环保政策体系和动态奖惩方案。紧密配合政策内容，建立畜牧业资源环境监测预警机制，以规范化、制度化的工作方式推进畜牧业与资源环境协调发展。

第四，在坚持自主发展基础上创新国外资源利用方式。扩大畜产品进口规模对缓解国内资源环境压力、促进畜牧业与资源环境协调发展具有重要作用，但过度依赖国外资源环境将面临复杂多变的贸易风险，不利于国内畜产品安全保障。因此，国内畜产品保供要以稳产为基础，坚持自主发展原则提升重要畜产品的稳产保供能力，牢牢守住安全、稳定供给的底线。同时，采取灵活、多元的方式拓展对国外资源的利用方式，一方面要挖掘更广泛的进口途径和渠道抵御国际市场风险，扩大贸易合作伙伴和产品替代类别，加快优化贸易结构；另一方面要坚持农业走出去，积极参与农业国际分工与合作，争取更多的合作主动权与参与话语权，维稳好中国畜产品进口贸易的外部环境。总之，促进畜产品与资源环境协调发展需要立足国际国内"双循环"背景,以立足国内、适当进口、多边贸易、互利共赢的原则利用好两种资源、两个市场。

8.3 讨论与展望

本书以人类社会经济与资源环境的协调发展为出发点,探索性研究了畜牧业与资源环境的协调关系。但就目前的研究结果来看,还有很多问题值得讨论。

第一,关于协调的标准界定。协调本身就是一个比较抽象的概念,经济学尝试运用均衡等概念来解释协调,但均衡不等同于协调,它不能够覆盖协调的全部内涵。例如,当供给完全等于需求的时候就协调了吗?当资源环境可载规模与畜牧业生产规模相等的时候一定是协调吗?这个答案是未必的。无论是供给还是需求都是形形色色的,再多样化的供给也无法满足每一个个体个性化的需求。在资源环境与畜牧业之间也是如此,为了便于比较,必须构建一套协调标准,并且在这个过程中需要同质化资源环境系统以获得一个能够衡量承载的概念,还需要同质化畜牧业生产来获得一个畜牧业规模的概念。但这一切并不能完全契合实际,现实中我们很难用一种资源完全替代另一种资源,也很难用一种畜产品完全替代另一种畜产品,就像我们不能强迫所有的肉食者执行素食主义。在这种情况下,本书所界定的协调标准是一种相对理想化的状态,至少在某种程度上它能够反映畜牧业与资源环境的协调关系,但每一个组织、每一个群体,甚至每一个人都能够提出他所理解的协调标准,而每一地区、每一个部门也有各自的协调所在,并不存在权威的协调。因此,协调同样是一个发展的概念,是一个可以争议、可以创新的主题。

第二,关于协调的影响因素。从根本上讲,不协调的实质是资源环境供给与畜牧业需求的偏离,在现实中往往表现为畜牧业生产规模超出资源环境的承载上限并引发一系列的资源环境问题。从这个角度来看,不协调的根源在于人的需求膨胀，但同时，协调也会受到一个地区资源配置、生产布局和环境政策的影响，他们能够作用于畜牧业与资源环境的协调关系，因此本书采用空间计量经济的方法分析了协调度的空间差异与影响因素。截至目前，我们还有两个问题不能解决：其一，并非畜牧业生产规模与资源环境可载规模接近即为协调，本书还提出了协调的第二项标准即在生产方式方面形成完整的物质循环链条，这些因素分析并无法解释这一层面上的协调关系；其二，耕地、草地等资源配置难以获得人为有效干预，畜牧业生产布局已经形成比较稳态的局面，这些因素很难在现实中获得调整以增进协调发展水平。因此，着眼于整个畜牧业与资源环境协调发展的全局，我们认为还需要在更广的视角上去挖掘协调关系的影响因素。结合实践我们看到，政策已经成为国内影响畜牧业与资源环境协调关系的第一因素，特别是近年来中国畜牧业的转型发展更是主要依赖政策调整所推动，同时，贸易已成为国际方面影响我国畜牧业与资源环境协调发展的核心因素，能够通过缓解国内生产的资源环境压力促进协调发展。因此，本书分两个层次探讨协调关系的影响因素，尤其是在第二个层次重点探讨了政府规制、国际贸易对协调发展的干预效果。

第三，关于畜产品贸易。本书测算了畜产品贸易特别是进口贸易对我国畜牧业资源环境的主要贡献，能够客观掌握我国畜牧业对国外的资源环境依赖水平。但关于这一方面问题的研究并不表明本书支持通过向国外转移资源环境负荷的方式来促进协调发展，原因有两点：其一，中国的畜产品还是应当更多依靠国内生产来保障供给，特别是在全球政治经济秩序震荡的背景下，来自多方的贸易威胁因素增多，这要求我们的饭碗里装中国粮、菜碟里装中国的肉蛋奶；其二，国内国际关于中国进口所导致的巴西"毁林种豆"等问题的谴责声音增多，认为中国的大豆、牛肉等农牧产品进口贸易对全球气候变暖具有恶劣影响，提出中国应当对进口贸易所导致的资源环境代价承担不可推卸的责任等观点。从这两个方面来看，通过进口畜产品转移资源环境负荷以促进协调发展的方式，并不具备作为主导路径进行长期推广的可能。也有学者认为，面对外界的责难应当回避关于进口贸易的资源环境效应研究，本书认为，应当正视并客观看待畜产品进口的资源环境贡献，只有科学、理性审视这一问题才有助于从根本上认知和推动畜牧业与资源环境的长期协调发展。限于篇幅和精力，本书在这一方面尚未展开更深入的分析，关于饲料粮与畜产品进口结构、替代关系等问题值得进一步深思。

第四，关于本书的展望。放眼国内外关于畜牧业资源环境问题的研究，能够聚焦畜牧业资源环境承载力、畜牧业与资源环境协调关系的具体研究尚且不多，如何去定义、统筹一个经济部门与它所依赖的资源环境系统的关系具有很大争议。本书之所以立足协调这一主题，不仅源于西方经济学所贯穿的资源配置、供需均衡等经济发展理论，更寄期望于在畜牧业领域沉淀新时代协调发展的重要思想。鉴于对整个问题的全面审视和系统思考，本书开展了相对宏观的研究，希望能够对统筹畜牧业与资源环境的协调关系发挥些许贡献，但追求广度的同时往往忽视深度，对很多具体问题缺乏更加深入和专门的研究。这项研究在很多方面仅仅是一次起步，未来还需要更多元化的畜牧业与资源环境协调关系测算，需要更多类型的资源环境协调型畜牧业路径探讨。中国畜牧业发展所面临的饲料粮缺口、优质牧草缺口仍然很大，动物养殖造成的碳排放问题遭到多方面的攻击，本书所提出的广义畜牧业概念及有关测算方法对于回应这些问题或有帮助，但真正破解这些关键问题并推动畜牧业高质量发展需要更多有深度的专业分析。

附录　部分指标的计算过程

一、蛋白当量

蛋白当量计算公式：

$$P = \sum_{i=1}^{n} \beta_i q_i$$

其中，P 为区域畜产品总蛋白当量；β_i 为 i 畜产品蛋白当量折算系数；q_i 为 i 畜产品产量。畜产品计算范围包括猪肉、牛肉、羊肉、禽肉、禽蛋、奶类，测算系数见附表1。

附表1　每100克畜产品的蛋白质含量代表值　　　　单位：克

畜产品	猪肉	牛肉	羊肉	禽肉	禽蛋	奶类
蛋白质含量	15.1	20.0	18.5	20.3	13.1	3.3

资料来源：《中国食物成分表（第6版）》。

二、畜牧业资源环境承载力评价指标

1. 饲料粮保障能力

饲料粮保障能力指标基于饲料粮供给量和饲料粮需求量测算得到①，主要测算过程如下。

（1）饲料粮供给量。

通过分品种投入法、总产量核减法、直接系数法分别测算饲料粮供给量，最终确定采用直接系数法的测算结果。

直接系数法是通过确定饲料粮可供给量占粮食产量的大体比例，然后

---

① 相关具体测算过程已发表在《世界农业》2021年第8期《中国粮食安全再认识：饲料粮的供需状况、自给水平与保障策略》。

以此估算饲料粮供给量的一种方法。众多机构与学者基于模型等其他方法估算了粮食饲用消费比例，其中，美国粮食与农业政策研究所估算2001年中国粮食饲用消费比例为46.81%，此后有一定波动；程国强等（1997）测算出中国粮食饲用消费比例由1980年的18.53%增长至1994年的30.16%，且预计到2000年达到35%左右；黄季焜（2004）也发现饲料粮比重从20世纪80年代的14%增长到90年代末的27%，并且到2010年、2020年分别增长至38%、42%。本书结合已有研究成果和肉类产量变动情况，认为中国粮食饲用比例由2001年的35%增长至2019年的41.3%。

（2）饲料粮需求量。

饲料粮需求量基于饲料粮转化率与畜产品产量计算得到，其中饲料粮转化率的计算过程如下：

饲料粮转化率是计算饲料粮需求规模的关键参数，本书结合不同品种的生长特征和饲养特征，确定各品种的饲料粮转化率计算公式。其中，生猪的饲料粮转化率考虑了不同养殖阶段的差异性并引入仔猪和母猪的饲料粮消耗量，计算生猪全生产综合转化率；肉牛、肉羊则考虑不同生长阶段饲喂结构的差异，在分别测算仔畜期和育肥期转化率的基础上加权计算。水产品的转化率 R_w 参照已有研究确定为0.4（胡小平等，2010），由于天然捕捞类水产品不消耗饲料粮，故仅统计人工养殖水产品的饲料粮消耗量。主要畜禽饲料粮转化率测算公式如附表2所示。

附表2　　　　　　　　主要畜禽饲料粮转化率测算公式

品种	公式
生猪	$R_p = \dfrac{G_t}{\Delta W_t \times S_p} = \dfrac{G_f + G_m}{(\Delta W_f + \Delta W_m) \times S_p} = \dfrac{G_f + G_m}{(W_z - W_m + \Delta W_m) \times S_p}$
肉牛	$R_c = \alpha C_m + \beta C_f = \alpha \times \dfrac{G_m}{W_m \times S_c} + \beta \times \dfrac{G_f}{(W_z - W_m) \times S_c}$
肉羊	$R_s = \alpha C_m + \beta C_f = \alpha \times \dfrac{G_m}{W_m \times S_s} + \beta \times \dfrac{G_f}{(W_z - W_m) \times S_s}$
奶牛	$R_m = \dfrac{G_z}{W_z}$

续表

品种	公式
蛋鸡	$R_e = \dfrac{G_z}{W_z}$
肉鸡	$R_k = \dfrac{G_z}{W_z \times S_k}$

其中，R_p、R_c、R_s、R_m、R_e、R_k 分别为生猪、肉牛、肉羊、奶牛、蛋鸡、肉鸡的饲料粮转化率，S_p、S_c、S_s、S_k 分别为生猪、肉牛、肉羊、肉鸡的屠宰率，G_m、G_f 分别为仔畜期、育肥期饲料粮消耗量，W_z 为主产品产量，W_m 为仔畜重量，G_z 为主产品耗粮量。在生猪中，G_t 为每头生猪饲料粮总消耗量，ΔW_t 为每头生猪总增重，ΔW_f 为生猪育肥期增重量，ΔW_m 为仔畜期生猪增重量，G_m 包括仔猪与母猪的耗粮总量；在牛羊中，α、β 分别为仔畜期和育肥期增重占主产品产量的比重，C_m、C_f 分别为仔畜期和育肥期的饲料粮转化率。附表 3 为 2001~2019 年主要畜禽与水产品的饲料粮转化率测算结果。

附表 3 2001~2019 年主要畜禽与水产品的饲料粮转化率测算结果

年份	猪肉	牛肉	羊肉	禽肉	禽蛋	奶类
2001	2.88	1.28	1.72	2.24	1.75	0.40
2002	2.93	1.29	1.39	2.41	1.73	0.38
2003	2.90	1.44	1.53	2.13	1.70	0.38
2004	2.86	1.56	1.39	2.33	1.75	0.37
2005	2.83	1.50	1.46	2.37	1.73	0.37
2006	2.84	1.52	1.46	2.40	1.69	0.38
2007	2.95	1.70	2.23	2.29	1.68	0.38
2008	2.93	1.88	2.34	2.29	1.65	0.37
2009	2.94	1.98	2.43	2.43	1.66	0.38
2010	2.95	1.92	2.43	2.45	1.66	0.38
2011	2.99	1.94	2.50	2.42	1.70	0.37
2012	3.00	2.03	2.55	2.33	1.68	0.38
2013	3.04	1.96	2.52	2.39	1.69	0.38

续表

年份	猪肉	牛肉	羊肉	禽肉	禽蛋	奶类
2014	3.06	2.02	2.59	2.38	1.70	0.38
2015	3.06	2.01	2.49	2.44	1.72	0.38
2016	3.08	2.02	2.59	2.40	1.67	0.37
2017	3.08	2.04	2.55	2.52	1.67	0.38
2018	3.09	2.09	2.56	2.71	1.67	0.37
2019	3.09	2.12	2.54	2.85	1.66	0.37

2. 草畜协调水平

草畜协调水平指标基于草地可利用面积和草食家畜标准羊单位测算得到，认为在一定范围内草食家畜标准羊单位所拥有的草地可利用面积越多，则草畜协调水平越高。其中，草地可利用面积直接来自历年《中国草业统计》，草食家畜折算标准为：1只羊＝1标准羊单位，1头牛＝5标准羊单位，1匹马＝6标准羊单位，1头骆驼＝7标准羊单位。

3. 水资源供给水平

畜牧业水资源供给水平指标基于畜牧业水资源可供给量和畜牧业水资源消耗量测算得到[①]，主要测算过程如下。

（1）畜牧业水资源消耗量。

通过水足迹的方法测算畜牧业水资源消耗量。畜牧业水足迹是畜牧业全生产环节（包括饲料粮等植物生产环节）所消耗的水资源总量，具体包括饲料所含虚拟水、畜禽饮用水、畜舍清洁用水等，是畜禽饮食、饮水、清洁等各项用水的总和。除此之外，总水足迹还应当包括消纳过剩 COD、TN、TP 等污染物的灰水足迹，本书把灰水足迹单独划分出来测算水环境承载压力，在畜牧业水足迹中仅分析除此之外的其他水资源承载力。畜牧业水足迹计算公式：

$$W = \sum (W_i \times N_i)$$

其中，W 为畜牧业水足迹；W_i 为 i 种畜禽的水足迹；N_i 为 i 种畜禽的养殖

---

① 相关具体测算过程已发表在《水》（Water）2021 年第 23 期。

规模，肉牛、奶牛、生猪、肉羊按照年均存栏规模计，家禽按照年内出栏规模计。

$$W_i = W_f^i + W_d^i + W_c^i$$

$$W_f^i = G_i \times WG_i$$

$$W_d^i + W_c^i = \frac{WC_i}{WP_i}$$

其中，G_i 为每头畜禽在整个生命周期采食的饲料数量（千克）；WG_i 为单位饲料的水足迹；WC_i 为每头畜禽在整个生命周期的水费（元）；WP_i 为用水量的价格（元/立方米）。

（2）畜牧业水资源可供给量。

$$W_s = W_{total} - W_{industry} - W_{live} - W_{ecology} - W_{plant}$$

$$WS = -WD = W_s - W$$

其中，W_s 为畜牧业水资源可供给量；W_{total} 为区域水资源总量；$W_{industry}$ 为工业用水量；W_{live} 为生活用水量；$W_{ecology}$ 为生态用水量；W_{plant} 为种植业用水量，这里表示除去饲料粮以外的其他作物种植业用水；WS 为区域畜牧业水盈余；WD 为区域畜牧业水赤字。

4. 土壤粪污负荷

土壤粪污负荷指标基于区域养殖猪当量和土壤粪污可载猪当量测算得到①，主要测算过程如下。

（1）作物养分总需求。

$$A = \sum (P_i \times X_i) + \sum (G \times Y)$$

其中，A 表示区域内作物养分总需求，P_i 表示区域内第 i 种农作物或牧草年产量，X_i 表示区域内第 i 种农作物或牧草实现单位产量所需的氮（磷）量，G 表示人工林地的面积，Y 表示人工林地单位面积年生长量所需的氮（磷）量。

（2）作物粪污养分需求。

$$D = (A \times FP \times MP)/MR$$

---

① 相关具体测算过程已发表在《农业环境科学学报》2021 年第 8 期《中国畜牧业环境约束的量化分析——基于土地环境承载力和生态足迹》。

其中，D 表示区域内作物粪污养分需求量；FP 表示作物总养分需求中施肥养分占比，由各区域土壤养分分级确定；MP 表示畜禽粪污养分（有机肥）需求量占施肥养分总量的比例，由各区域施肥情况测算得到；MR 表示粪污当季利用率，氮、磷分别取30%、35%。

（3）畜禽粪污养分产生量。

$$E = \sum AP_n \times DP_n \times t$$

其中，E 表示区域内畜禽粪污养分产生量；AP_n 表示第 n 种畜禽年均存栏量，此处，猪、牛、羊取年末存栏量，禽类取出栏量和年末存栏量之和；DP_n 表示第 n 种畜禽日排泄的氮（磷）量；t 表示养殖周期，一般按照365天计算，但考虑家禽出栏周期过短，结合主要畜禽的实际出栏时间和专家意见把家禽养殖周期调整为42天。

（4）畜禽粪污养分收集量。

$$C = \sum E_n \times PC_{n,k} \times PL_k$$

其中，C 表示畜禽粪污养分收集量；E_n 表示第 n 种畜禽粪污养分产生量；$PC_{n,k}$ 表示第 n 种畜禽粪在第 k 种清粪方式所占比例，此处干清粪、水冲清粪的比例分别取72%、28%；PL_k 表示第 k 种清粪方式的氮（磷）养分收集率。

（5）畜禽粪污养分供给量。

$$S = \sum C_n \times HD_{n,m} \times SA_m$$

其中，S 表示畜禽粪污养分供给量；C_n 表示第 n 种畜禽的粪污养分收集量；$HD_{n,m}$ 表示第 n 种畜禽在第 m 种处理方式所占比例，此处厌氧发酵、固体贮存、堆肥3种处理方式的比例分别取7%、92%、1%；SA_m 表示第 m 种处理方式的氮（磷）养分留存率。

（6）单位猪当量粪污养分供给量。

$$PD = S/RE$$

其中，PD 表示单位猪当量粪污养分供给量；RE 表示区域内折算为猪当量的畜禽存栏量，100头猪相当于15头奶牛、30头肉牛、259只羊、2500只家禽的存栏量，家禽出栏量根据出栏周期进行相应折算。

(7) 畜禽粪污土地环境承载容量。

$$CA = D/PD$$

其中，CA 表示区域畜禽粪污土地环境承载容量。

5. 水体环境负荷

水体环境负荷指标基于消纳 COD 需水量和地表水资源数量测算得到①，主要测算过程如下。

本书通过灰水足迹的方法测算畜牧业消纳 COD 需水量，灰水足迹表示未经回收利用的畜禽粪污所造成的水体污染总量。

$$WG = \sum (WG_i \times N_i)$$

$$WG_i = \frac{(\alpha A_i + \beta B_i) \times \delta \times t}{\varphi}$$

其中，WG 为畜牧业灰水足迹；WG_i 为 i 种畜禽的灰水足迹；α、β 分别为干清粪、水冲粪比重；A、B 分别为干清粪、水冲粪排污系数；δ 为畜禽粪污入水率；t 为养殖时间，存栏畜禽按照 365 天计，家禽出栏时间按照 42 天计；φ 为 COD 排放标准，采用中国《地表水环境质量标准》（GB 3838—2002）中Ⅲ类水质规定的污染物含量，确定 COD 排放质量标准为 20 毫克/升。

6. 生态环境负荷

生态环境负荷指标基于畜牧业生态足迹和生态承载力测算得到②，主要测算过程如下。

(1) 畜牧业生态足迹。

① 畜牧业用地生物资源足迹。

$$ef_1 = \sum_{i=1}^{n} rG_i + \sum_{i=1}^{n} rA_i = \sum_{i=1}^{n} r\left(\frac{C_i}{P_i}\right) + \sum_{i=1}^{n} r\left(\frac{C_i \times F_i}{P_f}\right)$$

$$EF_1 = ef_1 \times N$$

其中，ef_1 为人均畜牧业用地生物资源足迹；r 为均衡因子；i 为消费项目类

---

① 相关具体测算过程已发表在《水》（Water）2021 年第 23 期。
② 相关具体测算过程已发表在《农业环境科学学报》2021 年第 8 期《中国畜牧业环境约束的量化分析——基于土地环境承载力和生态足迹》。

型，包括牛肉、羊肉、牛奶（消耗饲料粮和牧草）、猪肉、禽肉、禽蛋（消耗饲料粮）；G_i、A_i 分别为第 i 种消费项目折算的人均生物生产性草地面积和耕地面积；C_i 为第 i 种消费项目的人均消费量；P_i 为第 i 种消费项目的全球平均生产力；F_i 为第 i 种消费项目的饲料粮转换系数；P_f 为第 f 种饲料粮的全球平均生产力；EF_1 为畜牧业用地生物资源足迹；N 为人口数量。

② 畜牧业生产活动碳足迹。

$$ef_2 = \sum_{i=1}^{n} M_{i,k} \times E_{i,k} \times w$$

$$EF_2 = ef_2 \times N$$

其中，ef_2 为人均畜牧业生产活动碳足迹；$M_{i,k}$ 为第 i 种消费项目第 k 项物质流的发生系数；$E_{i,k}$ 为第 i 种消费项目第 k 项物质流的排放系数；w 为考虑海洋碳吸收贡献情况下中和单位二氧化碳排放所需的生物生产性土地面积，其中，w 取值为 0.2563 公顷（曹淑艳等，2014）；EF_2 为畜牧业生产活动碳足迹。

③ 畜牧业生态足迹。

$$EF = EF_1 + EF_2$$

$$ef = ef_1 + ef_2$$

其中，EF 为畜牧业生态足迹；ef 为人均畜牧业生态足迹。

（2）生态承载力测算。

$$EC = \sum r \times y \times L$$

$$ec = EC/N$$

其中，EC 为畜牧业生态承载力；y 为耕地/草地的产量因子；L 为畜牧业占用的耕地/草地面积。

7. 畜牧业技术进步

畜牧业技术进步水平由畜牧业产值与畜牧业机械总动力的比值表示。其主要含义在于单位畜牧业机械总动力创造的畜牧业产值越高，说明畜牧业技术进步水平越高。

传统研究常采用畜牧业机械总动力表示畜牧业技术进步，但近年来畜牧业的发展实践表明机械动力水平渐入饱和，数字技术、智慧畜牧逐步成为支撑畜牧业发展的重要科技元素，因此单一使用机械总动力表示技术进步已不符合畜牧业发展的现实。同时，由于不同省域的畜牧业科技进步贡献率、智慧牧业发展程度等相关统计数据缺失，故短时期内难以借此构建新的评价方法。本书对传统的畜牧业机械总动力指标进行改进，认为畜牧业机械总动力的效率在一定程度上可以表现畜牧业技术进步概况。

8. 养殖污染处理能力

养殖污染处理能力由 DEA 模型测算得到，详细测算过程见第 3 章"畜禽养殖污染水平分析"部分。

参 考 文 献

[1] 安晶潭. 畜禽养殖资源环境承载力分析、预测及预警研究 [D]. 北京：中国农业科学院，2015.

[2] 蔡美芳，刘晓伟，吴孝情，等. 基于土壤养分平衡的畜禽养殖承载力研究 [J]. 土壤学报，2018，55 (6)：1431-1440.

[3] 曹翠珍，胡娜. 我国畜牧业规模化养殖区域变动的分析框架和影响因素探讨 [J]. 经济问题，2014 (1)：88-93.

[4] 曹淑艳，谢高地，陈文辉，等. 中国主要农产品生产的生态足迹研究 [J]. 自然资源学报，2014，29 (8)：1336-1344.

[5] 陈伟生，关龙，黄瑞林，等. 论我国畜牧业可持续发展 [J]. 中国科学院院刊，2019，34 (2)：135-144.

[6] 程国强，周应华，王济民，等. 中国饲料供给与需求的估计 [J]. 农业经济问题，1997 (5)：25-29.

[7] 丛晓男. 耦合度模型的形式、性质及在地理学中的若干误用 [J]. 经济地理，2019，39 (4)：18-25.

[8] 董红敏，左玲玲，魏莎，等. 建立畜禽废弃物养分管理制度 促进种养结合绿色发展 [J]. 中国科学院院刊，2019，34 (2)：180-189.

[9] 封志明，杨艳昭，闫慧敏，等. 百年来的资源环境承载力研究：从理论到实践 [J]. 资源科学，2017，39 (3)：379-395.

[10] 傅京燕，司秀梅，曹翔. 排污权交易机制对绿色发展的影响 [J]. 中国人口·资源与环境，2018，28 (8)：12-21.

[11] 高爽，董雅文，张磊，等. 基于资源环境承载力的国家级新区

空间开发管控研究 [J]. 生态学报, 2019, 39 (24): 9304-9313.

[12] 谷小科, 杜红梅. 畜禽粪污资源化利用的政策逻辑及实现路径 [J]. 农业现代化研究, 2020, 41 (5): 772-782.

[13] 何在中, 应瑞瑶, 沈贵银. 青海省生态畜牧业政策效应与评价研究 [J]. 中国人口·资源与环境, 2015, 25 (6): 174-178.

[14] 胡小平, 郭晓慧. 2020 年中国粮食需求结构分析及预测——基于营养标准的视角 [J]. 中国农村经济, 2010 (6): 4-15.

[15] 胡雪飙. 重庆市畜禽养殖区域环境承载力研究及污染防治对策 [D]. 重庆: 重庆大学, 2007.

[16] 黄成. 基于超效率 DEA 和人工神经网络模型的天津市畜禽养殖资源环境承载力综合研究 [D]. 北京: 中国农业科学院, 2016.

[17] 黄季焜. 中国农业的过去和未来 [J]. 管理世界, 2004 (3): 95-104, 111.

[18] 焦建玲, 陈洁, 李兰兰, 等. 碳减排奖惩机制下地方政府和企业行为演化博弈分析 [J]. 中国管理科学, 2017, 25 (10): 140-150.

[19] 金书秦, 韩冬梅, 王莉, 等. 畜禽养殖污染防治的美国经验 [J]. 环境保护, 2013, 41 (2): 65-67.

[20] 孔祥才, 王桂霞. 我国畜牧业污染治理政策及实施效果评价 [J]. 西北农林科技大学学报 (社会科学版), 2017, 17 (6): 75-80.

[21] 李靖, 张正尧, 毛翔飞, 等. 我国农业生产力布局评价及优化建议——基于资源环境承载力的分析 [J]. 农业经济问题, 2016, 37 (3): 26-33, 110.

[22] 李俊翰, 高明秀. 山东省生态效率与资源环境承载力时空分异及耦合协调度研究 [J]. 生态经济, 2018, 34 (10): 61-68, 228.

[23] 李毅, 胡宗义, 何冰洋. 环境规制影响绿色经济发展的机制与效应分析 [J]. 中国软科学, 2020 (9): 26-38.

[24] 林孝丽, 周应恒. 稻田种养结合循环农业模式生态环境效应实证分析——以南方稻区稻—鱼模式为例 [J]. 中国人口·资源与环境,

2012, 22 (3): 37-42.

[25] 刘凯, 邹荟霞, 任建兰, 等. 中国城镇化与资源环境承载力耦合关系演变 [J]. 生态经济, 2017, 33 (9): 126-129.

[26] 刘培芳, 陈振楼, 许世远, 等. 长江三角洲城郊畜禽粪便的污染负荷及其防治对策 [J]. 长江流域资源与环境, 2002 (5): 456-460.

[27] 刘思华. 刘思华可持续经济文集 [M]. 北京: 中国财政经济出版社, 2007.

[28] 刘晓磊, 栾一博, 胡科, 等. 中国生猪生产耗水及影响因素分析 [J]. 资源科学, 2016, 38 (1): 110-118.

[29] 卢宾宾, 葛咏, 秦昆, 等. 地理加权回归分析技术综述 [J]. 武汉大学学报 (信息科学版), 2020, 45 (9): 1356-1366.

[30] 卢亚丽, 徐帅帅, 沈镭. 河南省资源环境承载力的时空差异研究 [J]. 干旱区资源与环境, 2019, 33 (2): 16-21.

[31] 陆菁, 鄢云, 王韬璇. 绿色信贷政策的微观效应研究——基于技术创新与资源再配置的视角 [J]. 中国工业经济, 2021 (1): 174-192.

[32] 骆海燕, 屈小娥, 胡琰欣. 环保税制下政府规制对企业减排的影响——基于演化博弈的分析 [J]. 北京理工大学学报 (社会科学版), 2020, 22 (1): 1-12.

[33] 马克思. 资本论: 第1卷 [M]. 北京: 人民出版社, 1975.

[34] 毛汉英, 余丹林. 区域承载力定量研究方法探讨 [J]. 地球科学进展, 2001 (4): 549-555.

[35] 毛晖, 郭鹏宇, 杨志倩. 环境治理投资的减排效应: 区域差异与结构特征 [J]. 宏观经济研究, 2014 (5): 75-82.

[36] 孟祥海, 周海川, 杜丽永, 等. 中国农业环境技术效率与绿色全要素生产率增长变迁——基于种养结合视角的再考察 [J]. 农业经济问题, 2019 (6): 9-22.

[37] 潘峰, 西宝, 王琳. 基于演化博弈的地方政府环境规制策略分析 [J]. 系统工程理论与实践, 2015, 35 (6): 1393-1404.

[38] 潘雪莲, 杨小毛, 陈小刚, 等. 深圳市畜禽养殖环境承载力研究 [C] //中国环境科学学会. 2014 中国环境科学学会学术年会（第四章）. 2014: 6.

[39] 潘瑜春, 孙超, 刘玉, 等. 基于土地消纳粪便能力的畜禽养殖承载力 [J]. 农业工程学报, 2015, 31 (4): 232-239.

[40] 齐红倩, 王志涛. 生态经济学发展的逻辑及其趋势特征 [J]. 中国人口·资源与环境, 2016, 26 (7): 101-109.

[41] 齐亚彬. 资源环境承载力研究进展及其主要问题剖析 [J]. 中国国土资源经济, 2005 (5): 7-11, 46.

[42] 仇焕广, 廖绍攀, 井月, 等. 我国畜禽粪便污染的区域差异与发展趋势分析 [J]. 环境科学, 2013, 34 (7): 2766-2774.

[43] 邱乐丰, 龙文莉, 方豪, 等. 基于种养平衡的杭州市畜禽养殖环境承载力研究 [J]. 自然资源学报, 2016, 31 (8): 1410-1419.

[44] 尚勇敏, 王振. 长江经济带城市资源环境承载力评价及影响因素 [J]. 上海经济研究, 2019 (7): 14-25, 44.

[45] 宋大平, 庄大方, 陈巍. 安徽省畜禽粪便污染耕地、水体现状及其风险评价 [J]. 环境科学, 2012, 33 (1): 110-116.

[46] 宋大平, 左强, 刘本生, 等. 农业面源污染中氮排放时空变化及其健康风险评价研究——以淮河流域为例 [J]. 农业环境科学学报, 2018, 37 (6): 1219-1231.

[47] 宋福忠. 畜禽养殖环境系统承载力及预警研究 [D]. 重庆: 重庆大学, 2011.

[48] 孙阳, 王佳韡, 伍世代. 近 35 年中国资源环境承载力评价: 脉络、热点及展望 [J]. 自然资源学报, 2022, 37 (1): 34-58.

[49] 王俊能, 许振成, 杨剑. 我国畜牧业的规模发展模式研究——从环保的角度 [J]. 农业经济问题, 2012, 33 (8): 13-18.

[50] 王奎峰, 韩祥银, 张太平. 山东半岛地质环境承载力评价指标体系构建及应用研究 [J]. 环境污染与防治, 2015, 37 (9): 29-33, 38.

[51] 王立彦. 环境成本与 GDP 有效性 [J]. 会计研究, 2015 (3): 3-11, 94.

[52] 王明利. 改革开放四十年我国畜牧业发展: 成就、经验及未来趋势 [J]. 农业经济问题, 2018 (8): 60-70.

[53] 王甜甜. 畜禽养殖环境承载力指标体系构建、量化及预测研究 [D]. 北京: 中国农业科学院, 2012.

[54] 王毅. 中国的人口、资源、环境问题及若干战略选择 [J]. 中国人口·资源与环境, 1993 (1): 50-54.

[55] [美] 威廉·福格特. 生存之路 [M]. 张子美, 译. 北京: 商务印书馆, 1981.

[56] 韦娅俪, 田庆华, 王维. 四川省规模化畜禽养殖污染治理技术水平分析 [J]. 四川环境, 2015, 34 (4): 57-62.

[57] 武淑霞, 刘宏斌, 黄宏坤, 等. 我国畜禽养殖粪污产生量及其资源化分析 [J]. 中国工程科学, 2018, 20 (5): 103-111.

[58] 熊学振, 孙雨萌, 杨春. 中国畜牧业与资源环境承载力的时空耦合协调关系 [J]. 经济地理, 2022, 42 (2): 153-162.

[59] 熊学振, 杨春, 马晓萍. 我国畜牧业发展现状与高质量发展策略选择 [J]. 中国农业科技导报, 2022, 24 (3): 1-10.

[60] 熊学振, 杨春, 于琳. 中国畜牧业环境约束的量化分析——基于土地环境承载力和生态足迹 [J]. 农业环境科学学报, 2021, 40 (8): 1799-1807.

[61] 颜景辰. 中国生态畜牧业发展战略研究 [D]. 武汉: 华中农业大学, 2007.

[62] 杨屹, 杨凤仪, 蔡梓萱. 黄河流域城市群资源环境承载力演变特征及驱动因素研究——以关中平原城市群为例 [J]. 环境科学学报, 2022, 42 (2): 476-485.

[63] 姚成胜, 钱双双, 李政通, 等. 中国省际畜牧业碳排放测度及时空演化机制 [J]. 资源科学, 2017, 39 (4): 698-712.

[64] 姚彦青. 东北地区资源环境承载力评价研究 [J]. 未来与发展, 2020, 44 (1): 64-69.

[65] 姚治榛. 畜禽粪污资源化利用模式的区域适宜性评价研究 [D]. 北京: 中国农业科学院, 2020.

[66] 叶金珍, 安虎森. 开征环保税能有效治理空气污染吗 [J]. 中国工业经济, 2017 (5): 54-74.

[67] 虞祎, 张晖, 胡浩. 基于水足迹理论的中国畜牧业水资源承载力研究 [J]. 资源科学, 2012, 34 (3): 394-400.

[68] 翟金良. 我国资源环境问题及其控制对策与措施 [J]. 中国科学院院刊, 2007 (4): 276-283.

[69] 张晖. 中国畜牧业面源污染研究 [D]. 南京: 南京农业大学, 2010.

[70] 张金鑫, 王红玲. 中国畜牧业碳排放地区差异、动态演进与收敛分析——基于全国31个省 (市) 1997—2017年畜牧业数据 [J]. 江汉论坛, 2020 (9): 41-48.

[71] 张敏, 刘庆玉, 陈东雨, 等. 沈阳地区畜禽养殖粪便污染物的环境压力及风险评价 [J]. 沈阳农业大学学报, 2009, 40 (6): 698-702.

[72] 张生玲, 周晔馨. 资源环境问题的实验经济学研究评述 [J]. 经济学动态, 2012 (9): 128-136.

[73] 张燕, 徐建华, 曾刚, 等. 中国区域发展潜力与资源环境承载力的空间关系分析 [J]. 资源科学, 2009, 31 (8): 1328-1334.

[74] 赵馨馨, 杨春, 韩振. 我国畜禽粪污资源化利用模式研究进展 [J]. 黑龙江畜牧兽医, 2019 (4): 4-7, 13.

[75] 赵雪雁, 王蓉, 王晓琪, 等. 基于多尺度的中国环境污染事件时空分布及其影响因素 [J]. 地理科学, 2019, 39 (9): 1361-1370.

[76] 钟水映, 简新华. 人口、资源与环境经济学 [M]. 北京: 北京大学出版社, 2017: 230-237.

[77] 周力. 产业集聚、环境规制与畜禽养殖半点源污染 [J]. 中国

农村经济, 2011 (2): 60-73.

[78] 朱增勇, 李梦希, 张学彪. 非洲猪瘟对中国生猪市场和产业发展影响分析 [J]. 农业工程学报, 2019, 35 (18): 205-210.

[79] ADAMS P L, DANIEL T C, NICHOLS D J, et al. Poultry litter and manure contributions to nitrateeaching through the vadose zone [J]. Soil Science Society of America Journal, 1994, 58 (4): 1206-1211.

[80] AMARAL M A, DE OLIVEIRA MM, Javarone M A. An epidemiological model with voluntary quarantine strategies governed by evolutionary game dynamics [J]. Chaos, Solitons & Fractals, 2021, 143: 110616.

[81] BOYD J. Nonmarket benefits of nature: What should be counted in green GDP? [J]. Ecological Economics, 2007, 61 (4): 716-723.

[82] CÁRDENAS J C. Experiments in environment and development [J]. Annual Review of Resource Economics, 2009, 1 (1): 157-183.

[83] CHEN L, ZHOU R, CHANG Y, et al. Does green industrial policy promote the sustainable growth of polluting firms? Evidences from China [J]. Science of the Total Environment, 2021, 764: 142927.

[84] CHEN W, H Z H. Using evolutionary game theory to study governments and manufacturers' behavioral strategies under various carbon taxes and subsidies [J]. Journal of Cleaner Production, 2018, 201: 123-141.

[85] CHICA M, HERNANDEZ J M, MANRIQUE-DE-LARA-PENATE C, et al. An evolutionary game model for understanding fraud in consumption taxes [J]. IEEE Computational Intelligence Magazine, 2021, 16 (2): 62-76.

[86] EVANS R O, WESTERMAN P W, OVERCASH M R. Subsurface drainage water quality from land application of seine lagoon effluent [J]. Transactions of the American Society of Agricultural and Biological Engineers, 1984, 27 (2): 473-480.

[87] FRIEDMAN D. Evolutionary game in economics [J]. Econometrica, 1991, 59 (3): 637-66.

[88] GAO X, SHEN J, HE W, et al. An evolutionary game analysis of governments' decision – making behaviors and factors influencing watershed ecological compensation in China [J]. Journal of Environmental Management, 2019, 251: 109592.

[89] GARNETT T. Livestock – related greenhouse gas emissions: impacts and options for policy makers [J]. Environmental Science & Policy, 2009, 12: 491 – 503.

[90] GERBER P J, STEINFELD H, HENDERSON B, et al. Tackling climate change through livestock: A global assessment of emissions and mitigation opportunities [R]. Rome: Food and Agriculture Organization of the United Nations, 2013.

[91] HAWKINS C V, KWON S W, BAE J. Balance between local economic development and environmental sustainability: A multi – level governance perspective [J]. International Journal of Public Administration, 2016, 39 (11): 803 – 811.

[92] HOODA P S, TRUESDALE V W, EDWARDS A C, et al. Manuring and fertilization effects on phosphorus accumulation in soils and potential environmental implications [J]. Advances in Environmental Research, 2001, 5 (1): 13 – 21.

[93] HU B, DONG H, JIANG P, et al. Analysis of the applicable rate of environmental tax through different tax rate scenarios in China [J]. Sustainability, 2020, 12 (10): 4233.

[94] JI S F, ZHAO D, LUO R J. Evolutionary game analysis on local governments and manufacturers' behavioral strategies: Impact of phasing out subsidies for new energy vehicles [J]. Energy, 2019, 189: 116064.

[95] JIANG K, YOU D, MERRILL R, et al. Implementation of a multi – agent environmental regulation strategy under Chinese fiscal decentralization: An evolutionary game theoretical approach [J]. Journal of Cleaner Production,

2019, 214: 902 - 915.

[96] KANG K, ZHAO Y, ZHANG J, et al. Evolutionary game theoretic analysis on low - carbon strategy for supply chain enterprises [J]. Journal of Cleaner Production, 2019, 230: 981 - 994.

[97] LEE J. Land resources as a basic factor in livestock carrying capacity [J]. Irish Geography, 1976, 9 (1): 63 - 75.

[98] LI Q, WAGAN S A, WANG Y. An analysis on determinants of farmers' willingness for resource utilization of livestock manure [J]. Waste Management, 2021, 120: 708 - 715.

[99] LING S, HAN G, AN D, et al. The Impact of Green Credit Policy on Technological Innovation of Firms in Pollution - Intensive Industries: Evidence from China [J]. Sustainability, 2020, 12 (11): 4493.

[100] LIU D, XIAO X, LI H, et al. Historical evolution and benefit - cost explanation of periodical fluctuation in coal mine safety supervision: An evolutionary game analysis framework [J]. European Journal of Operational Research, 2015, 243 (3): 974 - 984.

[101] MALLIN M A, CAHOON, L B. Industrialized animal production: A major source of nutrient and microbial pollution to aquatic ecosystems [J]. Population and Environment, 2003, 24 (5): 369 - 385.

[102] MCKEON G M, STONE G S, SYKTUS J I, et al. Climate change impacts on northern Australian rangeland livestock carrying capacity: A review of issues [J]. The Rangeland Journal, 2009, 31 (1): 1 - 29.

[103] MEADOWS D H, MEADOWS D L, RANDERS J. The limits to Growth: A Report for the Club of Rome's Project on the Predicament of Mankind [M]. America: Universe Books, 1972.

[104] MICKWITZ P. A framework for evaluating environmental policy instruments: Context and key concepts [J]. Evaluation, 2003, 9 (4): 415 - 436.

[105] MICKWITZ PER. A Framework for Evaluating Environmental Policy

Instruments [J]. Evaluation, 2003, 9 (4): 415 – 436.

[106] MIDILLI A, DINCER I, AY M. Green energy strategies for sustainable development [J]. Energy Policy, 2006, 34 (18): 3623 – 3633.

[107] MORIN P, SAMSON C. Control of nonlinear chained systems: From the Routh – Hurwitz stability criterion to time – varying exponential stabilizers [J]. IEEE Transactions on Automatic Control, 1997, 45 (1): 141 – 146.

[108] NELSON M P, CALLICOTT J B. The wilderness debate rages on: Continuing the great new wilderness debate [M]. America: The University of Georgia Press, 2008.

[109] PREDIGER S, VOLLAN B, FRÖLICH M. The impact of culture and ecology on cooperation in a common – pool resource experiment [J]. Ecological Economics, 2011, 70 (9): 1599 – 1608.

[110] ROMANO AA, SCANDURRA G, CARFORA A, et al. Renewable investments: The impact of green policies in developing and developed countries [J]. Renewable and Sustainable Energy Reviews, 2017, 68: 738 – 747.

[111] STEINFELD H, GERBER P, WASSENAAR T, et al. Livestock's Long Shadow: Environmental Issues and Options [R]. Rome, Italy: Food and Agriculture Organisation, 2006: 43 – 44.

[112] TAYLOR P D, JONKER L B. Evolutionary stable strategies and game dynamics [J]. Mathematical Biosciences, 1978, 40 (1 – 2): 145 – 156.

[113] TENG J, WANG P, WU X, et al. Decision – making tools for evaluation the impact on the eco – footprint and eco – environmental quality of green building development policy [J]. Sustainable Cities and Society, 2016, 23: 50 – 58.

[114] TILMAN D, FARGIONE J, WOLFF B, et al. Forecasting agriculturally driven global environmental change [J]. Science, 2001, 292 (5515): 281 – 284.

[115] WANG Y, SUN X, GUO X. Environmental regulation and green

productivity growth: Empiricalevidence on the Porter Hypothesis from OECD industrial sectors [J]. Energy Policy, 2019, 132: 611-619.

[116] WEST J, SCHANDL H, HEYENGA S, CHEN S. Resource efficiency: Economics and outlook for China [R]. Thailand: United Nations Environment Programme, 2013.

[117] WILLIAMS A, AUDSLEY E, SANDARS D. Determining the environmental burdens and resource use in the production of agricultural and horticultural commodities [R]. Bedford: Cranfield University and Defra, 2006.

[118] WINFIELD M, DOLTER B. Energy, economic and environmental discourses and their policy impact: The case of Ontario's Green Energy and Green Economy Act [J]. Energy Policy, 2014, 68: 423-435.

[119] WUSTENHAGEN R, BILHARZ M. Green energy market development in Germany: Effective public policy and emerging customer demand [J]. Energy Policy, 2006, 34 (13): 1681-1696.

[120] ZHOU G, LIU, LUO S. Resource allocation effect of green credit policy: Based on DID model [J]. Mathematics, 2021, 9 (2): 159.

图书在版编目（CIP）数据

中国畜牧业与资源环境的协调发展研究/杨春，熊学振著．--北京：经济科学出版社，2023.9
（中国农业科学院农业经济与发展研究所研究论丛．第6辑）
ISBN 978-7-5218-5043-7

Ⅰ.①中… Ⅱ.①杨…②熊… Ⅲ.①畜牧业-经济发展-关系-自然资源-环境资源-研究-中国 Ⅳ.①F326.33②X372

中国国家版本馆CIP数据核字（2023）第156928号

责任编辑：初少磊　尹雪晶
责任校对：靳玉环
责任印制：范　艳

中国畜牧业与资源环境的协调发展研究
杨　春　熊学振/著
经济科学出版社出版、发行　新华书店经销
社址：北京市海淀区阜成路甲28号　邮编：100142
总编部电话：010-88191217　发行部电话：010-88191522
网址：www.esp.com.cn
电子邮箱：esp@esp.com.cn
天猫网店：经济科学出版社旗舰店
网址：http://jjkxcbs.tmall.com
北京季蜂印刷有限公司印装
710×1000　16开　10.5印张　155000字
2023年9月第1版　2023年9月第1次印刷
ISBN 978-7-5218-5043-7　定价：48.00元
(图书出现印装问题，本社负责调换。电话：010-88191545)
(版权所有　侵权必究　打击盗版　举报热线：010-88191661
QQ：2242791300　营销中心电话：010-88191537
电子邮箱：dbts@esp.com.cn)